Franz Xaver Forstey, Hg.

Der
Sagenstein

Reihe:
Aus alter Zeit
Band 2

D1704802

Franz Xaver Forstey, Hg.

ᗞᕮᖇ
saɡenstein

*Die alten Volkssagen
um die Burg Stein an der Traun*

Umschlagentwurf: Franz Lichtinger
Illustrationen: Franz Lichtinger

1. Auflage 1987

ISBN 3-926665-01-7
© 1987 UR-Verlag Unterforsthuber & Roßmanit, Traunreut, Liebigstraße 11
Alle Rechte vorbehalten. Printed in Germany
Satz: »mach mit«-Verlag, Traunreut
Druck: Müga-Druck, Traunreut

Der Sagenstein

ie Burganlage in Stein an der Traun kennt jeder, der den Chiemgau von Norden nach Süden durchfährt. Und so mancher hat auch die Felsenburg bereits besichtigt. Da erfährt er die schauerlichen Geschichten von dem Mädchenräuber und Wegelagerer Heinz vom Steine, dem grausamen Raubritter.

Solche Erzählungen entstehen nicht von ungefähr, sie sind im Laufe von Jahrhunderten entstanden und immer weiter ausgeschmückt worden. Der Chiemgau mit seiner unverwechselbaren, charaktervollen Landschaftsgestalt war von alters her eine von Einheimischen und Fremden gleichermaßen innig geliebte Gegend. Kelten, Römer, und mit ihnen nubische Pfeilschützen und assyrische Bartscherer, Germanenstämme und Bayern hausten hier. Über Jahrhunderte hinweg besuchten dieses Land auch gerne die asiatischen Reiterhorden; die Hunnen und später die Krowotten durchzogen unsere Heimat, sengend und mordend, und so manche Spuren überdauerten die Zeiten. Die »krowottische Binde«, unser »Krawattl« wäre eine solche Spur.

Heutzutage verschlägt es die Nordlichter recht gern an den Chiemsee, die meisten gottlob nur zur Urlaubszeit, manch einer jedoch macht sich seßhaft. Der Chiemgau ist eine geduldige Landschaft.

Wo sich viele Menschen tummeln, da gibt es viel zu erzählen, wahre und erfundene Geschichten. Wilhelm Jensen war solch ein Nordlicht. 1837 in Heiligenhafen an der Ostsee geboren, wandte er sich nach Schulabschluß dem Studium der Medizin zu, wurde schließlich Schriftsteller und bezeichnete sich selbst als Dichter. Mit dem heute noch bekannteren

Dichter Wilhelm Raabe war er eng befreundet. Wilhelm Jensen schrieb die Erzählung »Hunnenblut« vor etwa hundert Jahren.

Er hatte eine eigene Methode, die Stoffe für seine Erzählungen zu finden. So hielt er sich viele Tage in den Ruinen Pompejis auf, bis in seinem Geiste die alten Gestalten lebendig wurden. So entstand »Gradiva«, derentwegen Sigmund Freud einen angeregten Briefwechsel mit Jensen führte.

Freud ging den Dichter ziemlich direkt und indiskret an, da er glaubte, in der Erzählung »Gradiva« Hinweise auf seelische Schädigungen Jensens in dessen Jugendzeit entdeckt zu haben. Jensen winkte ab.

Der Briefwechsel stammt aus dem Jahre 1907, damals wohnte Jensen bereits in Prien am Chiemsee. Eine andere berühmte Figur des 20. Jahrhunderts zeigte sich auch von Jensens Erzählungen beeindruckt: Salvadore Dali, das spanische Malergenie, der großartige Surrealist. In seiner Selbstbiographie »Das geheime Leben des Salvadore Dali« (»MY SECRET LIFE«, New York, 1942) berichtet er davon.

Von den alten Gemäuern der Burg Stein an der Traun, des Klosters auf Frauenchiemsee und den sagenumwobenen Ruinen des Benediktinerklosters auf Herrenchiemsee war Jensen so fasziniert, daß er um diese uralten Stätten seine Erzählung »Hunnenblut« wob.

Auch die Burg Marquartstein inspirierte den Dichter, und so bezog er sie mit in das Geschehen ein.

Freilich, wenn vom Hunnenblut die Rede ist, so darf man das nicht historisch getreu sehen, denn der Einfall aus dem Osten, von dem Jensen berichtete, war ein Ungarnüberfall. Der Dichter verließ sich auf seine ihm zustehenden Freiheiten. Möglicherweise gab es noch vor mehr als hundert Jahren im Chiemgau das Schimpfwort »Hunnenhund«. Auf den Ursprung

dieses Wortes wollte Jensen stoßen, und so ließ er in seiner Erzählung statt Ungarn die Hunnen im 10. Jahrhundert das altbayerische Land überfallen.

Jensen starb, 75jährig, 1911 in Thalkirchen. Seine Erzählung gibt neben der dichterischen Phantasie ganz sicher auch den Kern der uralten heimischen Sagen rund um die Burg Stein an der Traun preis, der in unserer schnellebigen Zeit längst verloren gegangen ist.

Die vorliegende Bearbeitung greift auf eine Ausgabe der Universal-Bibliothek des Leipziger Verlages Philipp Reclam jun. ohne Jahresangabe zurück. Dieses Büchlein war damals für 60 Pfennige als eleganter Ganzleinenband, für 20 Pfennige als Leseheft käuflich. Es muß vor 1895 erschienen sein, da auf unserem Exemplar eine handschriftliche Widmung vom 22. Februar 1895 eingetragen ist. Kürzungen waren notwendig, auch wurden ältliche Redewendungen durch neue ersetzt. Überhaupt wurde die gesamte Erzählung weitgehend dem heutigen Wortgebrauch und der gültigen Schreibweise angeglichen.

Wilhelm Jensen.

I. Teil

hunnenblut

nach einer Erzählung von Wilhelm Jensen
(1837 - 1911)

Eine Begebenheit aus dem alten Chiemgau
mit dem Bildnis des Verfassers

1. Land und Zeit

I m Chiemgau ist alles Land Menschensitzstätte aus grauer, vorgeschichtlicher Zeit. Kelten bewohnten zuerst die an Hügel und Niederungen, Wäldern und Wiesen reiche Gegend. Sie errichteten ihrem obersten Gotte »Bid« oder »Bel«, der vermutlich in einem Abstammungsverhältnis zu »Bal«, dem Sonnengott der semitischen Babylonier, gestanden und die höchsten Naturkräfte, besonders die der Sonne, des Windes und des Wassers in sich vereinigt zu haben scheint, Heiligtümer. Die Landschaft um den Chiemsee muß bei ihnen geheiligt gewesen sein. Wahrscheinlich entstammt auch der sprachfremde, nicht enträtselbare Name des Klosters Seeon dem keltischen Wort »seun«, was eine ähnliche Bedeutung wie »Männer des Heiligtums« in sich birgt.

Zu Beginn unserer Zeitrechnung drangen die Römer hierher über die Alpen vor, unterwarfen die keltische Bevölkerung, mit der sie sich vermischten. Die Römer legten große Heerstraßen, Lager, Wachtürme, Städte und Dörfer an, von denen sich in Unterbauten, wenn auch zumeist schwer erkennbar, vieles erhalten hat.

So wurde das Gebiet zwischen Inn und Salzach ein Stück der großen, ostwärts sich bis Vindobona, dem heutigen Wien erstreckenden, im Norden von der Donau begrenzten Provinz »Noricum«. Manche noch jetzt in ihrer ehemaligen Richtung nachweisbare Herresstraßen, Trümmer von Wasserleitungen, Bädern, Altäre und Grabdenkmäler künden von jener Zeit. Das Leben dieser Epoche war genauso regsam als das unserer Tage, Handel und Verkehr eher dichter gedrängt und geräuschvoller. Statt der

rohen Verkörperung des keltischen »Bid« erhoben sich zwischen den Tempelsäulen die kunstvollen Statuen des Jupiters und Apollo, der Venus und Diana.

Später wurde die christliche Lehre zur römischen Staatsreligion, und so begann sie auch hier ihre Herrschaft.

Fast ein halbes Jahrtausend lang verblieb das Noricum so, unter straffem Soldatenregiment, in einem Zustand gesetzlicher Ordnung und verhältnismäßiger Gesittung. Doch das morschgewordene Römerreich zerbrökkelte allerorten und brach zusammen. Die Wacht an der Donau vermochte dem Andrang der von Norden herabdrückenden germanischen Völkerstämme nicht länger Widerstand zu leisten. Diese überschritten den Fluß und nahmen das Land zwischen Inn und Salzach in Besitz.

Doch die Jahrhunderte andauernde Wirrnis der Völkerwanderung trieb auch Sueben und Franken mit hindurch. Eine Vermischung entstand aus übriggebliebenem keltischem, romanischem und germanischem Blut. Die verschiedene Haar- und Augenfarbe der Chiemgauer unserer Tage weist in jene Zeiten zurück. Das siebte Jahrhundert brachte Raubeinfälle der Slawen, das achte solche der Awaren hinzu, und beide hinterließen gleichfalls da und dorten ihre Spuren in den nachfolgenden Geschlechtern.

Jetzt aber wirkte das Christentum als ordnende Kraft, es hatte sich die neuen weltlichen Herren des ehemals stolzen Noricums dienstbar gemacht. Auf den Resten des altrömischen Juvavum an der Salzach wurde der erste Dom des »heiligen Petrus« erbaut und das Bistum Salzburg gegründet, dessen geistlicher Oberhoheit auch das Land bis zum Inn hin anheimfiel. Aus dem verworrenen Dunkel taucht der Name »Chiemgau« auf, und rasch entwickeln sich staatliche Verhältnisse. Es erscheinen Herzöge, Gra-

fen und niederer Adel, Lehensherren und Lehensmänner, Freie und Un-
freie, weltliche Beamte und Richter und ein geistlicher Stand, der allmählich über alle die Oberherrschaft beansprucht und sie durch Verheißung,
Klugheit und List, Gewalt und Bannandrohung zu erringen trachtet. Dem
Herrschaftsstreben des geistlichen Standes kommt die Gewissensangst
und Gemütsbedrückung der Zeit hilfreich entgegen. Sie ist von der Völkerwanderung her von roher, wildgewalttätiger Art. Unter den Besitzenden,
den Vornehmen finden sich wenige, die sich nicht oftmals schwerer Vergehen, grausamer Handlungen der Habgier, des Hasses und der Rachsucht
schuldig gemacht und im Inneren vor den dafür angedrohten Strafen des
von den Priestern verkündeten Jenseits zitterten. Ein allgemeiner, klug von
der Geistlichkeit genährter Drang entsteht und wächst immer gewaltiger
an, sich durch die freiwillige Hingabe irdischen Besitztums an die Kirche
möglichst von den bösen Erwartungen nach dem Tode loszukaufen.
Grundbesitz, Fronbauern, Geld, Edelsteine, Gold- und Silbergeräte flossen
in unabsehbaren Mengen den irdischen Vertretern Gottes und Fürspre-
chern bei seiner Barmherzigkeit zu. Altäre, Messen und kostbare Meßge-
wänder wurden gestiftet, Kirchen und Kapellen erbaut, vor allem Klöster
gegründet und mit Besitz ausgestattet. Denn die Mönche und Nonnen
hielten es für gottgefällig, möglichst große Wohn- und Wirkstätten zu
bauen. Reich ausgestattet dienten sie dem leiblichen Wohl und waren
Stätten des fürbittenden Gebetes.

Hier irrt der Dichter, denn der Einfluß der geistlichen Herren war in der von ihm beschriebenen Zeit, also zwischen 700 und 1000, beileibe noch nicht derart ausgewachsen, daß die Mönche und Nonnen nur noch von den Spenden der Gläubigen leben konnten. Im Gegenteil, das Klosterwesen war die erste organisierte Bewirtschaftungsform des ländlichen Raumes nach der Völkerwanderung. Ohne die Klöster hätte sich Bayern nicht in solch kurzer Zeit zu einem wirtschaftlich bedeutsamen Landstrich entwickeln können.

So entstanden rasch überall an gesicherten, schön und in fruchtbarer Umgebung gelegenen Stellen Klöster, die mit unglaublicher Schnelligkeit ihr Besitztum an Land und Leuten, Zehnten und Frondiensten oft weithin ausdehnten. Nicht am wenigsten aber im Chiemgau, der vom Bistum Salzburg geistlich behütet wurde.

Zahlreiche Klöster erhoben sich hier als die frühesten in deutschen Landen: Ötting, Meglingen, Seeon, Baumburg, Herren- und Nonnenwörth, Högelwörth, St. Zeno bei Reichenhall, tief drinnen im Gebirge Berchtesgaden, und manch andere noch. Der Sicherheit wegen legte man die Klöster gern auf Inseln an.

Denn des irdischen Schutzes bedurften als erwünschter Zugabe zu dem über ihnen waltenden göttlichen auch die Klöster. Ein boioarisches Herzogtum hatte sich gebildet, zu dem auch der Chiemgau gehörte. Und seit dem achten Jahrhundert trachteten Mark- und Pfalzgrafen als herzogliche Beamte, das weltliche Gesetz, Recht und Ordnung zur Geltung zu bringen.

Doch waren zuweilen die Hüter des Rechtes von fragwürdiger Natur, und es gab Leute, die sich keinen Deut um Gott oder den Teufel scherten, die ihrer Habgier freien Lauf ließen, die sich in grimmigen Bollwerken verschanzt hielten und dem Raub und der Plünderung nachgingen.

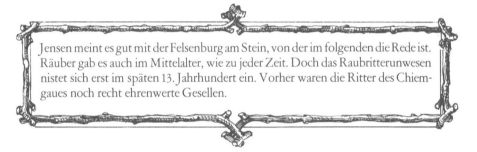

Jensen meint es gut mit der Felsenburg am Stein, von der im folgenden die Rede ist. Räuber gab es auch im Mittelalter, wie zu jeder Zeit. Doch das Raubritterunwesen nistet sich erst im späten 13. Jahrhundert ein. Vorher waren die Ritter des Chiemgaues noch recht ehrenwerte Gesellen.

Die beiden größten Klöster des Chiemgaues gründete Herzog Tassilo gegen Ende des achten Jahrhunderts auf den beiden größten Inseln im Chiemsee.

Nonnenwörth, das heutige Frauenchiemsee, schien als sicherer Ort vor feindlichem Zugriff. Nach allen Seiten schützte das Wasser, der Blick aus den südlichen Fenstern schwelgte in einer der herrlichsten Weitsichten aller deutschen Lande. Zudem hausten auf Herrenwörth durchaus streitbare Benediktiner, die den Schwestern in der Not tatkräftig zur Seite standen. Die geschäftige Nachrede der Welt freilich dichtete den beiden Klöstern engere Beziehungen an, und früh fabelte die Sage von einem Gange, der unter dem Wasser hindurch von Herrenwörth nach Nonnenwörth führte. Doch wer den See einmal mit Augen gesehen, der mußte die sinnlose Torheit solcher Vorstellungen erkennen.

Sie entsprang vielmehr einem wundersamen, ungefähr zwei Stunden nördlich vom See gelegenen Bau, nah der Einmündung der Alz - oder Taga, wie diese nach keltischem Namen geheißen - in die Traun. Dort hatte zu grauen Vorzeiten das Wasser aus der senkrechten Felsuferwand große Höhlungen herausgewaschen.

Den Römern dienten diese als Unterkammern für einen Wartturm, dann war aus seinen Trümmerresten - niemand wußte mehr wann - eine Burg aufgewachsen, in der seit Menschengedenken ein wildes, raubgieriges Geschlecht hauste, das sich für seine Beutezüge, dachsstollengleich, stundenweite unterirdische Gänge gegraben hatte. Und die Insassen nannten sich nach dem unangreifbaren Felsenloch: de Lapide, vom Stein.

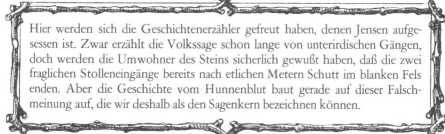

Hier werden sich die Geschichtenerzähler gefreut haben, denen Jensen aufgesessen ist. Zwar erzählt die Volkssage schon lange von unterirdischen Gängen, doch werden die Umwohner des Steins sicherlich gewußt haben, daß die zwei fraglichen Stolleneingänge bereits nach etlichen Metern Schutt im blanken Fels enden. Aber die Geschichte vom Hunnenblut baut gerade auf dieser Falschmeinung auf, die wir deshalb als den Sagenkern bezeichnen können.

2. Eine fabelhafte Geschichte

Da kam's zur Mitte des zehnten Jahrhunderts einmal, wie wenn nach schwülbrennendem Sommermittag am Himmelsrand eine schwarze Wolkenbank heraufrückt. Nur drohte es nicht gleich den Unwettern von Westen her, sondern von Osten. Flüchtlinge irrten schreiend und jammernd davon und rissen die Landbewohner des Chiemgaus in panischer Angst mit sich westwärts davon. Eine ungeheure wilde Raubmasse aus dem Innern Asiens, die Hunnen, schon einmal vor vier Jahrhunderten in Deutschland eingebrochen, waren es. Wie sturmgepeitscht jagten sie unzählbar auf sattellosen Pferden heran.

Frauenchiemsee

Bis an den Lech gelangten die Hunnen, dort traf sie die Vernichtung. Sie zerstoben und verschwanden, einem vom Hagelsturm zerschmetterten Heuschreckenfluge gleich. Das Kloster auf Nonnenwörth wurde neu erbaut. Doch ihm gegenüber blieb Herrenwörth unbelebt. Warum das dortige Kloster nicht wieder aufgebaut wurde, berichtet keine Überlieferung. Selbst ihren alten Namen verlor die Insel im Gedächtnis der Menschen, die sie nur noch »die Au« benannten. Und die Fischer des Sees schlugen hinüberblickend ein Kreuz über Stirn und Brust, sie hüteten sich, die Trümmerwelt zu betreten.

3. Wir nähern uns dem Stein

un war's um fünf Menschengeschlechter später, ein wenig über die Mitte des elften Jahrhunderts hinaus. Die Jungen wußten von der Hunnenzeit nur noch aus den greisenhaft geschwätzigen Fabelberichten der Uralten, die ihre Großväter davon reden gehört hatten. Zur Jahrtausendfülle hatte man überdies das Weltende erwartet, welches ausgeblieben war.

Im Chiemgau hatte sich vieles zu reichhaltigerer Lebensführung verwandelt, besonders aber das Tal der Alz sich zum Hauptwohnsitz der Vornehmen des Gaues gestaltet. Dort war die Dickichtwildnis von Tagahardingen - dem Wald an der Taga - vielfach gelichtet, zu Wiesen und Äckern gerodet worden, und von den steilen Felsufern sah, fast eine Gasse bildend, eine lange Reihe großer und kleinerer, oft eng benachbarter Burgen herab.

Drei hervorragende Herren hatten hier ihre festen Sitze begründet, Engildio, Thiemo und Megilo, deren Nachkommen die Herrschaften mehr und mehr erweitert hatten. Ihre Burgen hießen jetzt Engildiosberg, Timuntingen und Meglingen. Auf letzterer saß Pfalzgraf Kuono de Megelingin und Frontenhusen, er besaß zwar auch am Inn, dort wo dieser aus den Bergen hervorquillt, reiche Ländereien und einen Burgsitz Megling, doch am liebsten genoß er seinen überragenden Reichtum in seinem vornehmen Schloß über der Alz, mitten zwischen »Trostberg« und »Altenmarkt«, wo die alten römischen Straßen über die Zollbrücken nach Regensburg führten. Hier saßen die uralten Trozza auf der Trozzeburg, dort die ziemlich verarmten Anverwandten des Pfalzgrafen Kuono auf der lang-

Was mögen die Trostberger vor hundert Jahren dem guten Wilhelm Jensen erzählt haben? Das alte Geschlecht der »Trozza«! Auch der Kuono ist ein »biß-chen« erfunden! Aber in einer Erzählung darf ein Dichter das. Solange er nicht be-hauptet, die geschichtlichen Quellen getreulich behandelt zu haben.

Auffallend ist die Beziehung Trostberg und Stein, die in der alten Volkser-zählung nicht immer die beste gewesen sein muß, da doch die »vom Steine« ihre Wut und Raubtätigkeit vornehmlich gegen die Trostberger gerichtet haben sollen. Die Trostberger Burg war im 13. Jahrhundert auf Geheiß der bayerischen Her-zöge errichtet worden, auf Baumburger Grund. Sie diente als Grenzbefestigung gegen das Salzburgisch Erzbischöfliche Gebiet. Erst 1335 erhielt die Ansiedlung einen Wochenmarkt, 1475 ausgedehnte Privilegien mit einem Stadtrat von 12 »Genannten«, aber noch keinen Bürgermeister. Erst im 16. Jahrhundert treten Bürgermeister auf.

gestreckten Baumburg, dem »forum vetus« an der Alz.

Kuono war ein stolzer, hochstrebender Herr, emsig bemüht, die Herr-schaft, die einstmals seinem Sohn Kuonrat anheimfallen sollte, zu ver-größern, doch noch mehr bedacht, durch seine einzige Tochter Adelhard den Glanz seines Hauses über allen im Chiemgau zu erhöhen. Was an Überlieferung der Zeit von ihr spricht, stellt einmütig sie als das Holdselig-ste an Jungfrauenschönheit dar, das je gesehen worden ist, und dies begrün-dete die Absicht und Zuversicht des Vaters, durch sie einen Sohn des bayerischen Herzogs als Eidam zu gewinnen, seinen Enkel mit der Krone auf dem Haupt zu sehen.

Sein Vetter, der fromme Graf Sighart auf Baumburg, war kürzlich ge-storben. Er hinterließ einen Teil seines Besitztums der Kirche, worüber

sich seine hinterbliebenen sieben Söhne wenig erfreuten. Zwar nagten sie nicht am Hungertuche, doch gelüstete es sie nicht selten nach der Habe der schutzverwandten Bauern und Fischern der Grafen an der Alz. Kuono war es leid längst leid, die Mißhelligkeiten wegen der Söhne seines Vetters beilegen zu müssen.

Klosterkirche Baumburg

4. Der Held wird sichtbar

er verwegenste der sieben aber war der jüngste, wie ihn der Chiemgau zu der Zeit wohl kaum ein zweites Mal sah. Er hieß Markwart, einer anderen Mutter als die übrigen entstammend, von der ihm ein Erbe zugefallen war. Dafür hatte er sich südlich des Chiemsees, wo die wilde Achen aus den Bergen hervorbrach, einen Besitz erworben, sich einen kleinen Burgstall erbaut und ihn Markwartstein benannt. Dort hauste er mit wenigen Burgmannen in der sonst noch unbewohnten Talwildnis zwischen steilen Felsen.

Oft freilich ritt er die Traun entlang alleine für Tage hinaus ins ebene Chiemgauland, wer ihm begegnete, mutmaßte, er sei auf dem Weg zur Baumburg, seine Brüder zu besuchen.

Markwart glich seinen Brüdern weder äußerlich, noch im Wesen. Sie waren haarblond wie herbstwelkes Gras, ungeschlachten Körperbaues und wenig aufgeweckten Sinnes, fanden Genüge an reichlicher Mahlzeit, üppigem Trunk und langem Schlaf. Markwart hingegen fiel, zum Trotz seiner hellen wachen Augen, dunkles Haar glänzend auf die Schultern, sein Wuchs verband Kraft mit Geschmeidigkeit und schlanker Anmut, und sein Geist und Gemüt waren lebhaft. Er stand in der Mitte seines dritten Lebensjahrzehntes, war ungestüm prickelnden Blutes, und der Funke seines Auges verriet dann und wann, daß in ihm aufgährend Heißes der Jugend wallte.

Mit Kuono, dem Pfalzgrafen zu Mögling, hatte Markwart nichts im Sinne, er hatte für ihn kein verwandtschaftliches Stammesgefühl. Der Pfalz-

graf hingegen sah in Markwart sehr wohl den kühnen Recken, achtete dessen Stolz, wenngleich er ihn jahrelang nicht mehr zu Gesicht bekommen hatte.

Doch dann wurde eines seiner wohl bewehrten Landgehöfte nächtens überfallen, und Kuono hatte Gründe, diesen Überfall nicht den rotgesichtigen Jungherren von der Baumburg zuzuschreiben, vielmehr verdächtigte er den Markwart, aus jugendlichem Übermut den Überfall ausgeführt zu haben. Überdies verdichtete sich die Ahnung zur Gewißheit, Markwart treibe mit denen aus dem Felsenloch, mit denen de Lapide gemeinsame Sache.

In der Felsenburg hauste in den ummauerten Kammern eine Wittib oder vielmehr das Nebenweib des letzten Burgbesitzers namens Williburg. Sie hatte zwei Söhne, Zwillinge, erst achtzehn Jahre alt, Cadaloh und Zwentebold de Lapide geheißen. Trotz ihrer Jugend waren sie im Chiemgau und darüber hinaus als verwegenste Räuber gefürchtet. Jeder drohenden Vergeltung boten sie Trotz, sicherte sie doch die uneinnehmbare Felsenfestung vor jeglicher Verfolgung. Und Kuono, der Pfalzgraf, bekam zu Ohren, daß der Markwartsteiner gesehen worden war, nicht auf der väterlichen Baumburg, sondern auf dem freien Feld, nächst der Burg am Stein. Und ein ackernder Bauer habe ihn vom Erdboden verschwinden sehen, wie vom Teufel entführt.

Die Leute hießen die Felsenburg das Bärenloch, und die Wittib darin nannten sie die alte Petzin mit ihren Jungen. Dorthin mußte, soviel hatte der Pfalzgraf Kuono auskundschaftet, sich der Markwart allwöchentlich begeben. Um den Drang seines überheißen Jugendblutes durch einen Auszug zu nächtlichem Kampf und Gefahr zu dämpfen? Oder zog den Mark-

wart etwas anderes an den Ort, wo die de Lapide hausten, von allen anderen Herren im Tal der Alz gemieden?

Das Hochschloß zu Stein

5. Noch ein Hunne?

üdwestlich von Mögling, auf halbem Weg nach Seeon, besaß der Pfalzgraf Kuono das Gehöft Neureit. Den Piligrim, einen tüchtigen Landbauern, hatte er auf den Hof gesetzt, mit rüstigen Knechten, damit sie dem vortrefflichen Ackerboden, aus einer neuen Rodung entstanden, guten Ertrag abgewinnen würden.

Unter den Knechten befand sich einer, der auf den ersten Blick sich von allen anderen unterschied. Von kleinem Körperbau, bewegte er sich geschmeidig, sein schmales, dunkelfarbiges Gesicht umfing glanzlos schwarzes Haar, aus dem das Augenweiß, zwei schwarze Pupillen umschließend, hervorstach.

Er hieß Putulung, der Sohn einer Hörigen des Pfalzgrafen; wer sein Vater gewesen, wußte niemand, und er sprach nicht darüber. Die Mutter hatte als einfältige Dirn gegolten, die sich am liebsten, Wurzeln und Beeren suchend, in Wald und Schlucht herumtrieb. Nach ihrem frühen Tod fütterte man den halbwüchsigen Buben auf Mögling weiter, halb aus Barmherzigkeit, halb zur Belustigung für die jungen Grafenkinder Kuonrat und Adelhard.

Die beiden Kleinen betrachteten ihn mehr wie einen großen zottigen Hund als für ein Menschengeschöpf. Sie trieben mit ihm, was ihnen Spaß machte, hetzten ihn um ein Holzscheit in die Alz, oder er mußte sie auf einer Holzschleife den Hang hinaufziehen. Und mit Weidengerten trieben sie ihn an: »Ho, Putulung, hurtig! Sonst kriegt Putulung Schläge!«

Um Knechtsdienst zu leisten, war Putulung seit Jahren dem Wirtschafter auf Neureit hinausgegeben worden. Er zeigte sich brauchbarer als

andere, hatte einen findigen Kopf und geschickte Hände, auch besaß er allerhand Kenntnis, obwohl er bei niemand in der Lehre gewesen war. Ihm kam's von der Anlage der Natur, er ahnte, wenn Sturm auch an heiterstillen Tagen in der Luft lag, allen Tieren, denen des Hofes als auch des Waldes hatte er eine gute Hand.

Beim Wirtschafter stand Putulung ob seiner Gaben und Fähigkeiten in gutem Ansehen. Dies aber neideten ihm die anderen des Gesindes, weder Knechte noch Mägde litten ihn. Auf Mögling hatte einmal eine Alte gesagt, es müsse von den Vätern oder Müttern her Hunnenblut herausgeschlagen sein, danach nannten sie ihn den »Hunnensohn«. Freilich, ins Gesicht sprachen sie's ihm nicht, davor scheuten sie sich. Aber hinter seinem Rücken spien sie aus und hießen ihn den »Hunnenhund«.

Mit Vorliebe verweilte die Grafentochter dann und wann in den Sommertagen auf Hof Neureit. Seit sie zur Jungfrau erwachsen, fand ihr Sinn dort Gefallen an der Stille, sie hörte gern auf den Vogelschlag am Waldrand, auch mischte sie sich gern zu den Mägden und erfreute sich an ihrem Gelache und Gejauchze. Der Vater hatte ihr im Obergeschoß eine Stube einrichten lassen. Und als Kuono an einem Junimorgen nach Rabenden ritt, welches ihm gehörte, begleitete ihn die Tochter Adelhard.

Vor Rabenden stieg sie vom Pferd und ging zu Fuß auf bekanntem Pfad auf das Gehöft zu. Wie sie aus dem Wald trat, erkannte sie jeder auf dem Gehöft von weitem, denn so golden leuchtete kein Haar im ganzen Chiemgau von einer Mädchenstirn. Als sie ihr Gemach betrat, duftete es ihr daraus entgegen, da es dicht mit frischen Wiesenblumen geschmückt war. Davon hatte jedoch niemand vorher wissen können, so daß sie sich darüber wunderte. Aber sie freute sich dran.

In der folgenden Nacht begab sich Unerwartetes und Arges. Adelhard fuhr plötzlich erschreckt aus dem Schlafe, Weckrufe, lautes Getöse, Waffengeklirr hatte sie aufgestört. So scholl es draußen ums Haus, doch auch im Inneren dröhnte ein Gepolter die Holztreppe aufwärts gegen ihre Stube heran.

Sie warf rasch ein Gewand über, und im Glauben, daß ein Brand ausgebrochen sei, öffnete sie die Tür. Im roten Schein gewahrte sie auf der Treppe ein paar Gestalten, Waffenknechten gleich, mit Arm- und Beinschienen und geschlossenen Eisenkappen.

Schön und gut. Eisenschienen und Eisenkappen. Das zwölfte Jahrhundert kennt Eisen nur als äußerst seltenes Material. Vor allem in unserer Gegend war man der Eisenbearbeitung kaum kundig. Tatsache ist, daß die mittelalterliche Eisenherstellung Unmengen an Energien verschlang. Aber da bei uns im Voralpengebiet die Salzgewinnung Vorrang hatte, auch eine Technik mit enormem Energieverbrauch, waren keine Energiereserven für die Eisengewinnung vorhanden. Schon im ausgehenden Mittelalter mußte die Soleanlage für die Gewinnung des Reichenhaller Salzes nach Traunstein verlegt werden. Im Reichenhaller Gebiet gab es keinen Brennstoff mehr.

Demzufolge werden die Gerüsteten des 12. Jahrhunderts sich mit Lederwamsen haben begnügen müssen. Bestenfalls die Waffen waren aus Eisen. Sündteuer. Das wirft auf die von Jensen beschriebene Zeit ein völlig anderes Licht. Überhaupt müssen wir in der Beschreibung des frühen und hohen Mittelalters vorsichtig sein. Denn unsere Vorstellungen beruhen sehr oft auf vagen Vermutungen. So oder so könnte es gewesen sein.

Mittelalter, das ist eine äußerst karge und armselige Zeit, mehr oder weniger eine Holzzeit, obwohl auch das Holz knapp war.

Dann fuhr von der Seite ein sprühender Feuerbrand nah an ihrem Gesicht vorbei, Putulung war vor sie gesprungen und schlug eine lodernde Kienfackel auf den Kopf des vordersten Eindringlings. Dem folgte eine hastige Flucht, ein vielstimmiges Toben und Schreien, kurz rasselten noch Schwerthiebe, dann hallte absprengender Hufschlag in die Nacht. Stille.

Mit wem man es zu tun gehabt hatte, wußte niemand, die Fallgitter hatten die Gesichter verdeckt, vielleicht war es niedriges Gesindel aus dem Busch. Oder wollte sich mit dem frechen Einbruch jemand einer kostbaren, hohes Lösegeld eintragenden Beute bemächtigen?

Adelhard erinnerte sich nur noch, wie Putulung, nachdem er die Eindringlinge abgewehrt hatte, wie festgebannt vor ihr stand, sie mit großen Augen angestarrt hatte. Und wie von der Bogensehne abgeschnellt, flog ihm ein Ruf aus dem Mund: »Osila!« Dann stürzte er den Fliehenden hinterdrein.

6. Hunnenblut?

,m sie nicht unnötig zu erschrecken, stellte der Wirtschafter am nächsten Morgen den Überfall nur als ein Räuberbubenstück dar. Um Mittag sollte der Graf eintreffen, um sie abzuholen. Trotzdem gab Piligrim die Weisung aus, daß die Knechte auf Adelhard überall, wohin sie ging, ein Auge auf sie hielten.

Der kurze Nachtschreck wirkte nicht bei ihr nach, denn sie hatte von ähnlichen Überfällen gehört, nun war's ihr lustig, selbst einen erlebt zu haben. In der Morgensonne wanderte sie sorglos durch die Felder. Dennoch fuhr sie zusammen, als unerwartet sich hinter einem Hartriegelbusch eine dunkle Gestalt erhob. Dann aber lachte sie. »Du bist's, Putulung.«

Dann fielen ihr die Blumen in ihrem Zimmer ein. »Du siehst närrisch aus, Putulung, Blumen in deiner Hand? Was willst du damit, wozu hast du sie gepflückt? Doch nicht für dich!«

»Nein - für mich nicht,« stotterte er, »für Euch.« »Für mich?« entgegnete sie verwundert, »warum?« »Weil ich weiß, daß Ihr sie gern habt.« Er hielt ihr den Strauß entgegen, doch sie rührte ihn nicht an.

Vielmehr befragte sie ihn nach dem Blumenschmuck in ihrem Gemach und nach seinem Erscheinen vor ihrem Zimmer, als die Räuber auftauchten.

»Ich fürchtete, Euch könnte Übles geschehen,« stotterte er wieder.

Zuerst wollte sie abwehren, dann aber fand sie es gut, daß Putulung als treuer Diener, wie ein guter Hund sie bewacht hatte. Die Leute nannten ihn ja den Hunnenhund.

»Aber warum nanntest du mich mit diesem Wort? Ein Name war's wohl - Osila. Was hieß das?«

Putulung streckte abermals den Blumenstrauß vor. »Nein, ich mag sie nicht, sag mir, was Osila bedeutet!« Herrisch klang es, und sie brach vom Hartriegel eine schlanke Gerte ab. »Hurtig, sonst kriegt Putulung Schläge!«

»Weil du's bist - ich wußte es schon immer - du bist Osila,« brach es aus ihm heraus.

»Du bist frech, der Name klingt häßlich aus deinem Mund. Ich mag dich nicht sehen - weg, Putulung, spring ins Wasser!« Wie als Kind schlug sie mit der Gerte nach ihm. Doch nun schnellte er auf sie zu, packte sie mit gespreizten Fingern an den Schultern und stieß keuchend aus: »Du willst es nicht hören? Osila!«

Seine Züge hatten Wildes, seine Zähne drohten. »Willst du mich beißen, wie ein Hund? Die Leute sagen, du bist ein Hunnenhund!« Sie verband mit dem Wort keinen Begriff, ihm aber peitschte es das Blut. Mit wilder Kraft stieß er sie von sich, und sie sank rückwärts zu Boden. Doch fast in diesem Augenblick packten ihn grimmige Fäuste im Genick, an an Arm und Bein. Die eilfertigen Knechte umschnürten ihn hurtig mit Lederriemen und zerrten ihn wie einen Hund zum Gehöft, wo Pfalzgraf Kuono bereits eingetroffen war. »Hunnenhund!« schrieen sie dabei erbost.

7. Rache

Pfalzgraf Kuono hatte eben die Nachricht von dem nächtlichen Überfall erfahren, als die Knechte den Putulung herbeizerrten und ihn dem Pfalzgraf zu Füßen stießen. Man sah Kuono den Mißmut an und er zeigte sich nicht in der Verfassung, ein mildes Urteil über den Übeltäter zu fällen. Die schadenfrohen Knechte stellten mit unverhohlenen Worten dar, was sie zu sehen geglaubt und was sie verhütet hätten. Die herbeigelaufenen Mägde erhoben ein gehässiges Geschrei und warfen mit Steinen auf den Gefesselten, sie verlangten, man solle den Hunnenhund zu Tode peitschen. Denn wenn er sich an die Herrin gewagt hätte, sei keine von ihnen mehr vor ihm sicher. Adelhard antwortete auf die Frage Kuonos: »Er hat mich beißen wollen.«

»Werft ihn in den Teich und ersäuft ihn, wie eine bissige Ratte!« entschied der Pfalzgraf kurz. Doch nun bat Adelhard für den Verurteilten, der ihr ehemals als Hund und Zugpferd Spaß gemacht hatte; er sei wohl gereizt gewesen, weil sie mit der Gerte nach ihm geschlagen habe, er habe ihr wirklich nichts Böses zufügen wollen.

»Gut, jagt ihn vom Hof,« entschied Kuono, »bindet ihn los. Ich schenke dir den Hals, aber mach dich rasch fort! Wenn du wieder in meinem Bann gesehen wirst, dann wirst du gestäupt und ersäuft, wie's dir recht wäre.«

Putulung, der schweigend alles über sich ergehen ließ, sprang nun, da er losgebunden wurde, vor Adelhard, warf sich zu Boden, küßte ihren Gewandsaum. Dann raffte er sich auf und lief davon, hinterdrein die Knechte und Mägde. Sie schleuderten Knüttel und Steine, auch versuchten sie die

Behausung aufzunehmen. Aber nicht verboten ist es uns, ein Abbild der Jungfrau zu begrüßen, das solches Licht ausstrahlt. So heiße ich Euch im Kloster willkommen.«

Nun zogen sie von der waldigen Anhöhe in die weite, sanfte Mulde hinab, wo breit, vom Wasser umfriedet, der weitgedehnte Bau des Klosters Seeon auf einer Insel lag. Nur das Rasseln der Zugbrücke und die starkbewehrten Tore des Klosters erzählten davon, daß sich die Mönche auch in dieser weltfernen Gegend nach außen sichern mußten.

Unter den hohen Bäumen wurden die Gäste im kühlen Schatten mit Speise und Trank erquickt. Es kam die Rede auf die Zeitläufte und auf die gelehrten Beschäftigungen der Mönche, da überraschte es die Hörer, aus dem Munde von Markwart, dem Burgherren aus der Bergwildnis, manch kluges und treffendes Wort zu vernehmen. Es zeigte sich zu aller Erstaunen, daß er nicht nur zu lesen und zu schreiben vermochte, er war auch aus Büchern in mancherlei nicht gemeinem Wissen unterrichtet. Adelhard hörte staunend auf seine Rede, denn solche war man auf den Burgen im Alztal nicht gewöhnt.

Kuono nahm, als sich der Anlaß bot, Markwart beiseite und redete ihn scherzend an: »Nun, Vetter, was treibt die Petzin im Bärenloch mit ihren Jungen? Man sagt im Lande, Ihr könntet davon erzählen!« Da schlug jäh das Blut dem Markwart in die Schläfen: »Wen meint Ihr, Oheim? Woher sollte ich davon wissen?«

Kuono merkte wohl die Anwandlung Markwarts, doch hielt er es für klüger, den Vetter nicht in die Enge zu treiben.

»Es freut mich, Vetter, daß ich mich getäuscht habe. Denn es hätte mir leid getan, wenn Ihr mich verstanden und mir Auskunft gegeben hättet.

Ich meinte die vom Stein, das Raubgezücht de Lapide, von dem ich an-
nehme, es hat heut Nacht versucht, meinen Hof Neureit zu überfallen.
Wollte das Raubgesindel wohl meine Tochter als Beute fortschleppen, um
mir ein hohes Blutgeld abzupressen! Aber Piligrim hat's ihnen mit seinen
Knechten gut heimgezahlt.«

»Davon weiß ich nichts - nein,« brachte Markwart gestammelt heraus
und trat einen schnellen Schritt weiter. Solchermaßen den Augen Kuonos
verborgen zog er den linken Ärmel seines Wamses hastig über das Hand-
gelenk, über der eine kleine frische Wunde hervorschimmerte.

Kuono legte Markwart die Hand auf die Schulter. »Das war mir auch
nicht in den Sinn gekommen. Es wird mich aber freuen, wenn Ihr hin-
künftig öfters aus Euren Bergen herabkommt. Auch möchte ich Euch
ungern an der Burg Megling vorbeireiten sehen, ohne daß Ihr mich be-
sucht. Ich habe Euch nicht nur Eures Vaters wegen von Kindesbeinen gern
bei mir gehabt.«

Dann ging der Pfalzgraf mit dem Abt Hartnid davon, um die geschäft-
lichen Dinge zu bereden. Er hoffte, eine Reue bei dem wilden Markwart
geweckt zu haben und glaubte, in ihm einen neuen Gefolgsmann heran-
ziehen zu können.

Adelhart hatte das Seeufer betreten und sah über das Schilf hinweg auf
die Berge, die vereinzelt aus dem Süden herübergrüßten. Im Schilf lag ein
Einbaum, wohinein sie sich setzte. Gerne wäre sie weiter draußen auf dem
Wasser gewesen, doch war es ihr fremd, das neben ihr liegende Ruder zu
handhaben. So getraute sie sich nicht, den schweren Einbaum fortzube-
wegen, und sie betrachtete das friedliche Spiel der kleinen Fische, die um
das Boot im Wasser wimmelten. Plötzlich fiel ein Schatten über sie hin.

8. Eine Aventiure

ollt Ihr auf den See hinausfahren, Base?« sprach der Schatten. Markwart stieg in den Einbaum, Adelhard bejahte erfreut seine Frage, und schon trieb er den schweren Kahn mit geschickten Ruderschlägen davon. Verwundert sagte sie: »Könnt Ihr das auch? Ihr versteht Euch auf vieles, dünkt mir.«

Er antwortete, daß er manchmal von seiner hohen Burg an den Chiemsee herabkomme, wo er im Weidendickicht einen Einbaum verberge, mit dem er in der Abendkühle auf dem See hierhin und dorthin fahre, mit dem Netz nach Fischen auswerfend.

»Das muß schön sein,« rief sie aus, »aber auf der Alz kann man nicht fahren, und am großen See war ich erst einmal, dort wo er unter der alten Brücke herausfließt. Da bekam ich's fast mit der Angst, so weit ging das Wasser hinüber bis an die Berge!«

Leise trieb der Kahn über die Wasser dahin. Markwarts Blick lag auf der schönen Gestalt des Mädchens. »Ich hätte Euch nicht mehr erkannt, wohl erinnere ich mich, daß Ihr vor Jahren auf Megling verweiltet.« Markwart lächelte: »Aber ich erkannte Euch auf der Straße, weil ich Euch vor nicht langem wiedergesehen habe!«

Adelhard schüttelte den Kopf. »Mich?« fragte sie verwundert. »Wo? Da hätt' ich Euch doch auch sehen müssen.«

»Nein, das konntet Ihr nicht,« gab er zurück, »denn es geschah nur im Traum. Aber da sah ich Euch im weißen Gewand, auf das Euer Haar herabfiel, und Ihr standet in einem Licht, wie wenn die Sonne rotglühend untergeht. Ganz so - ja genau dieser Blume sahet Ihr gleich.« Und er bückte sich

rasch über den Bootsrand, zog eine Wasserrose herauf, deren glanzweiße Blätter die gelben Staubfäden, wie aus Gold gewirkt, überringelten. Er reichte sie Adelhard, die sie nahm und lachte: »So sah ich aus? Da täuscht Ihr Euch, denn ich habe kein weißes Tageskleid, nur einen Mantel von der Farbe, den ich nachts um mich schlage, wenn es kühl ist. Und nach dem Bild im Traum hättet Ihr mich heute erkannt? Ihr erzählt ein Märchen, Vetter!«

Markwart schwieg. Neben dem Einbaum schwamm jetzt mit erst halb erschlossenem Kelch eine weiße Wasserrose, Adelhard bückte sich, um die Blume zu pflücken.

Im Klostergarten sah man's sich regen, der Abt und der Pfalzgraf, von ihren Leuten begleitet, setzten sich unter die Bäume. Es war Zeit, den Einbaum ans Ufer zurückzulenken.

Bald brach der Pfalzgraf auf, Markwart schloß sich dem Zug an. Bei hereinbrechender Dunkelheit erreichten sie die Zugbrücke vor Megling. Kuono bedankte sich bei dem Vetter für die Begleitung und sprach ihm sein Wohlgefallen aus. Markwart solle in Zukunft nicht an seinem Sitz vorbeireiten, ohne den Grafen zu besuchen. Markwart verabschiedete sich, er wollte auf die Baumburg ziehen, um dort zu nächtigen.

Kuono ritt ins Burgtor ein, Adelhard aber wendete sich noch einmal gegen den Zurückbleibenden um: »Habt Dank, Vetter, daß Ihr mich auf dem See gerudert. Lasset Euerem Markwartsstein einen Gruß sagen.« Sie reichte ihm die Hand, da fühlte er die Knospe aus dem See in seine Hand gleiten. Schon rasselte die Brücke und dumpf knarrend schloß sich das Burgtor.

9. Liebe

ine Zeitlang blieb Markwart noch auf dem Fleck stehen und hielt den Blick nach dem dunklen Schattenumriß des Schlosses gerichtet; dann öffnete er sein Wams über der Brust und barg dort die Wasserrosenknospe, ihm war's wie wenn von ihr noch die Wärme der Hand ausging, die sie so lange gehalten. Danach stieg er in den Bügel und sein Roß wandte sich gegen Altenmarkt zu.

Doch das Tier fand seinen Weg nicht zu der steilen Lehne, worauf sich schwarz gegen den Himmel die Burg der Brüder auf Baumburg erhob; vielmehr bog der Reiter hastig vom Weg ab, hin zur rauschenden Traun und durch ihr Gewässer hindurch. Sofort umfing sie tiefes Walddunkel, Markwart stieg ab und führte sein Roß am Zaum, der Weg führte beschwerlich ansteigend empor.

Das Tier mußte den Weg erkannt haben, denn sicheren Schrittes ging es durch Gestrüpp und Baumstämme, der junge Mann ließ sich von ihm durch die Finsternis führen.

Da drang das Rauschen der Traun zur Rechten hörbar aus erheblicher Tiefe herauf, Markwart hielt an. Im Finstern ertastete er ein Gemäuer vor sich, und er fand auch den Eisenring, um den er den Zügel seines Pferdes schlang. Dann griff er weiter zur Seite und faßte etwas gleich einem Hammer, mit dem er gegen eine erzerne Platte schlug, fünfmal scholl ein hohles Dröhnen durch die Nachtstille.

Eine Weile blieb alles ohne Laut, dann tönte eine Stimme absonderlich von drunten aus dem Erdboden herauf: Was fliegt bei Mitternacht um den Stein«? Darauf gab der Markwartsteiner zurück: »Die Fledermaus von der

Ach,« und beim letzten Wort pumperte es in der Erde, schwere Riegel sprangen zurück. Aus einem Felsloch gleich einem gähnenden Rachen flog ein Lichtschein von einem brennenden Kienspan auf. In der Höhlung stand ein schwarzhaariger, wildgesichtiger junger Mann, mit rauher Kehle fuhr er den nächtlichen Besucher an: »Ihr kommt spät und seid lang er-erwartet!« Der Sprecher ließ Markwart eintreten und ließ dröhnend die schwere Eisenluke hinter ihm zurückfallen.

10. Die Petzin

enkrechte Stufen führten abwärts in einem mannshohen Gang, überall von den schwarzen Wänden troff das einsickernde Wasser und schimmertc im auffallenden Licht. Es mußte eine unglaublich schwere Arbeit gewesen sein, mit rohen, unvollkommenen Werkzeugen Gänge und Räume in das Felsgestein zu bohren. Markwart war im Inneren der Felsenburg derer de Lapide, einer unheimlichen Unterwelt, die nichts von Sonne, Wärme und Leben wußte, ewige Winterkälte und Nacht in sich beherbergte, dumpfwidrige Luft und glucksendes, tropfendes Wasser.

Markwart betrat eine von der Natur gehöhlte Felsenkammer. In einigen Erzpfannen an den Wänden brannte ein Gemisch aus Pech und Baumharz, das bläuliche Licht warf sich auf allerhand goldenes Gerät, auf einem Tisch glänzte eine hohe goldene Kanne, daneben funkelte roter Wein in einigen Bechern.

Auf einem breiten, mit Tierfellen aller Art bedeckten Nachtlager lag hingestreckt eine weibliche Gestalt.

Sie war mit einem dunklen Gewand bekleidet, von fellartigem, weichen Stoff. Die wundervoll gerundeten Arme glänzten von den Achseln an entblößt, ebenso sahen vom kaum verdeckten Knie an die Unterschenkel hervor, mit Sandalenbändern umwunden; breite Goldspangen umschlossen Knöchel- und Handgelenke. Eine Flut schwarzer Locken bäumte sich auf dem Scheitel des Weibes, auf der Stirn von einer Schnur gelber Topassteine gehalten. Das war Willibirg, »die Petzin«, die mit ihrem Zwillingswurf im Bärenloch des Höhlensteins hauste. Sie sprang auf und trat an

Markwart heran. Ihre schwarzen Augen glühten im Gesicht von Elfenbeinfarbe. Sie war nicht das häßliche Weib, als das sie die Leute im Tal bezeichneten.

Man konnte sich gut vorstellen, wie der ehemalige Burgherr sie auf offener Straße geraubt und in sein Felsenloch geschleppt hatte. Doch von da an war er ihrer Herrschaft unterlegen und bis zu seinem baldigen Tode seines Willens beraubt.

»Du hast mich warten lassen,« sagte sie mit einer angenehm tönenden, tiefen Stimme, und schlang ihre festen, nackten Arme um seinen Nacken.

»Ja, ich komme spät und muß gleich wieder fort. Meine Brüder harren auf mich auf der Baumburg zu einer wichtigen Beredung.« Er entwand sich den Armen der Petzin und trat an den Tisch, füllte sich einen Becher und trank ihn mit einem Zug leer. Am Tisch saßen die beiden schwarzhaarigen Brüder, Zwentebold und Cadaloh, letzterer hatte ihn eingelassen. Zu Zwentebold gerichtet, sagte er: »Euch hat's zur Nacht versengt, scheint's!« Und tatsächlich trug dieser eine frische Brandwunde auf der Stirn, darüber ringelte sich von der Flamme angelodertes und gesengtes Haar. »Euch steht's wohl nicht an, darüber zu lachen,« fuhr Zwentebold mürrisch den Frager an.

»Ihr könnt gehen, geht in eure Kammern!« befahl Willibirg. »Es ist noch früh,« gab Cadaloh zurück, und Zwentebold: »Ich will noch etwas trinken!«

»Seid ihr taub? Ihr sollt schlafen!« herrschte die Burgherrin ihre beiden Söhne an, und wie ein Tatzenschlag flog ein drohender Blick aus ihren schwarzen Pupillen.

Gegen diese Stimme half kein Trotz, die Söhne erhoben sich. Da fand

43

Markwarts Hand die Stelle, worunter die Wasserrosenknospe an seiner Brust geborgen lag. »Bleibt noch! Ich habe mit euch zu sprechen. Darum kam ich so spät noch!«

Die Brüder wendeten sich, Markwart fuhr nunmehr sicherer fort: »Mein Oheim hat mir Gutes getan, und ich begehre von Euch, daß ihr ihn von nun an nicht mehr schädigt. Wenn ich Euch dabei träfe, müßte ich's Euch wehren. Das Gleiche will ich meinen Brüdern auf Baumburg künden, darum muß ich jetzt zu ihnen.«

Nun wandte er sich Willibirg zu und raunte: »Aber sobald ich's gesprochen, ja, eh das Morgenlicht noch kommt, kehr ich hierher zurück.«

Sie erwiderte, seine Handgelenke umpressend: »Versprichst du's? Sonst lasse ich dich nicht, und du weißt, ohne mein Wort kommst du nicht aus dem Stein!«

Sie lachte dazu, aber es klang Markwart sonderbar im Ohr. Der herrliche nackte Arm auf seiner Schulter überzog sich vor ihm mit langhaarigem, rauhen Pelz, Krallen schienen sich daraus um seinen Nacken zu klammern, und zwischen den lüsternen Lippen fletschte ihn ein wütendes Raubtiergebiß an. Ein eiskalter Schauder raste durch seine Adern.

»Ich versprech's, warum aber sollte ich versprechen, wonach ich selber am meisten begehre. Du willst es von mir hören, nun, so sage ich, sobald ich mit meinen Brüdern gesprochen, gelobe ich, wieder hier zu sein.«

Er versuchte, seiner Stimme einen scherzenden Klang zu geben, es gelang ihm nicht. Doch Willibirg löste ihre Arme von seinem Nacken, sie warf sich auf das Fellbett, wobei ihr Gewand sich aufschürzte. »Weck mich mit einem Kuß, wenn ich schlafen sollte, bei deiner Rückkehr,« meinte sie und griff nach einem Weinbecher.

Schon war Markwart draußen und strebte der eisernen Pforte zu. Im Gesicht des Cadaloh, der hinter ihm die Fackel trug, saß ein Gedanke, am liebsten hätte der den Dolch aus dem Gürtel gezogen und den jungen Markwartsteiner niedergestoßen. denn nun war jener nicht mehr ihr Weggefährte auf so manchem räuberischen Zuge, wie er eben angedeutet.

Wohl aber war er der Buhle ihrer Mutter, was die Söhne schon seit langem nur mißmutig geduldet hatten, wohl nur aus Furcht vor dem Tier in der Mutter.

Die beiden tauschten kein Wort, Markwart entstieg der Felsenhöhle, die Eisenluke fiel dröhnend hinter ihm zu. Markwart spürte die Wärme des Pferdekörpers, mit zitternder Hand griff er nach dem Zaum und stieg den Weg hinab, weg von der Burg auf dem Stein.

Er mußte weg, hinaus in die offene Luft, die Waldfinsternis rund um den Stein schien ihn erdrücken zu wollen.

Hier war's gewesen, daß vor einer Zeit, als er noch auf der Baumburg hauste, eines frühen Morgens durch den Wald gestreift war, auf der Hatz nach erlegbarem Wild.

Und plötzlich war ihm die schwarze Schönheit aus dem Dickicht erschienen, mit einem Lächeln ihrer vollen Lippen und heißen Blitzen aus den schwarzen Augen hatte sie ihn in ihren Bann gezogen, ihn, den jungen hübschen Markwart von der Baumburg.

Von da an war er wöchentlich auf der Höhlenburg eingekehrt und dem Bärenweib zu Willen, wenngleich er des Glaubens war, er beherrschte das Weib.

Zwar hatte er sich dann den Markwartstein erbaut, wohl um den Brüdern fern zu sein. Nun aber, als er von der Höhlenburg weg flüchtete,

da war es ihm, wie wenn er in einer Ahnung vor den aufziehenden Geschehnissen seine Fluchtburg errichtet hätte.

So setzte er nun seinen Weg nicht zur Baumburg hin fort, sondern er wandte sich ostwärts, umging den Steinberg, ritt um den Fasanengarten herum und schlug dann hastig den Weg nach Süden ein, durchritt die Traun, dem Chiemsee entgegen, seinem Felsennest Markwartstein zu.

Burg Markwartstein

11. Geschäfte

falzgraf Kuono hatte allerlei Geschäfte zu tätigen, viele Zwiste zu beseitigen. Zu Sommerbeginn aber wandte er sich zufriedenen Sinnes der Beschäftigung mit dem Hauptplan seines Lebens zu: Mit der Vergebung der Hand seiner Tochter wollte er in einen engen Verband mit dem bayerischen Herzogshause treten.
Es war die Zeit dazu. Wenn er Adelhard ansah, zweifelte er nicht, daß ihre in den letzten Wochen aufgeblühte Schönheit aus dem hochgewachsenen Kind ein begehrtes Fräulein gemacht hatte, eine gereifte Schönheit, wohl wert, einem stattlichen jungen Ritter aus herzoglichem Hause zugeführt zu werden.

Der Vater beschloß, dieses Vorhaben, sie nach Landshut in die Hofburg zu führen, nicht mehr über den Sommer hinaus zu verzögern.

Um seinen Besuch in Landshut anzumelden, gedachte er als Kundschafter einen geeigneten Boten vorauszusenden, der artigen Benehmens und von einnehmendem Wesen wäre, auch nicht unkundig so manchen wichtigen Buches.

Und als diesen Botschafter hatte Kuono den Markwart von Markwartstein ausersehen.

Denn dieser war nicht nur häufiger Gast auf Megling, sondern seiner eigenen Burg fast untreu geworden. Nur selten noch fand er den Weg, die Ache hinauf, um dort nach dem Rechten zu sehen, kehrte aber stets am selben Tage wieder zurück.

Was niemand wußte, war, daß Markwart den Weg die Traun entlang mied, vielmehr westwärts den Chiemsee umritt, um von Seeon her Meg-

ling zu erreichen. So begleitete Markwart den Onkel auf seinen Geschäften, war ihm ein guter und gelehrter Ratgeber. Der bisher entfremdete Neffe war unverkennbar wie ein naher Verwandter völlig in Haus und Huld aufgenommen.

Kuono machte keinen Unterschied zwischen seinem Sohn und seinem Neffen, dem Markwart.

Die Fremdheit der ersten Wiederbegegnung seit den Kindertagen lag auch in dem Benehmen mit Adelhard weit in der Vergangenheit. Adelhard und Markwart duzten sich, wie dies unter den Geschwistern üblich war. Manchmal schaukelte er sie auf dem Brett unter dem Lindenbaum, wie in den vergangenen Tagen, oder er begleitete sie wie einstens als Knabe hinab an den Fluß, wo sie beisammen auf den Steinen über dem weißschäumenden Wasser rasteten. Adelhard war wie immer das freundliche und aufgeschlossene Mädchen, doch Markwarts Behaben wechselte manchmal rasch und wunderlich.

Einmal sagte er: »Mir war's eben, als läge der See von Seeon da vor mir und eine weiße Wasserrose schwimme darauf. Aber wie ich die Hand nach ihr strecke, ward sie plötzlich schwarz, daß ich erschrak und sie losließ.«

Lachend erwiderte das Mädchen: »So kannst du auch mit offenen Augen, träumen, nicht nur im Schlaf, wie du mir damals am See erzähltest, du hättest mich gesehen und danach auf der Straße wiedererkannt!«

Markwart schwieg eine Weile, dann versetzte er rasch: »Das war keine Mär, ich sagte dir die Wahrheit. Ich sah dich nicht im Traum, sondern wirklich!«

Erstaunt hob die den Kopf.

»Wo denn?«

»In der Nacht auf Neureit, als du erschreckt aus deiner Kammertür hervorkamst. Ich war einer der beiden, die mit Eisengittern vorm Gesicht am Treppenrand standen.«

»Du, Vetter?«

Sie wollte es nicht glauben.

»Was wolltest du im Hause?«

»Meinen Genossen, mit denen ich ausgezogen, helfen, dich wegzuführen, um deinem Vater ein hohes Lösegeld für dich abzupressen.«

»Du? Das war schändlich!«

Adelhard sprang auf und wandte sich zum Gehen. Dann fügte sie hinzu: »Warum tatest du es nicht?«

»Wie ich dich beim Fackellicht sah, riß ich die anderen fort, anstatt ihnen zu helfen. Doch zu Mittag wartete ich draußen, bis du mit deinem Vater die Straße herabkämst.«

Sie ging weg. Markwart schnellte eine Frage heraus: »Zürnst du mir?«

Adelhard blieb stehen, drehte sich halb um. »Dann warst du es, der mich schützte! So kann mein Vater dir zürnen, aber ich nicht. Ich muß nach Hause gehen.«

Beide redeten nicht mehr von dem seltsamen Bekenntnis, das Markwart abgelegt hatte. Markwart blieb noch einige Tage auf Megling, über der Alz, doch dann nahm er Abschied für längere Zeit. Er müsse auf seiner Burg mancherlei ordnen und schaffen, er wäre seit Monatsfrist nicht mehr dort gewesen.

So ritt er auf dem Weg gen Seeon davon, doch wie er bald durch eine Waldschlucht kam, hockte an ihrem Rand ein kleines, kaum mit Lumpen bekleidetes Mädchen, das auf ihn gewartet zu haben schien. Denn es sprang

auf und hielt ihm ein Schieferstück empor, darauf, wie er's nahm, geschrieben stand: »Du hast gelobt und ich warte, daß du kommst.«

Markwart schüttelte es eiskalt, die Bärenkrallen schienen nach ihm zu schlagen, der Winterfrost durchfuhr ihn. Er nahm das Schieferstück, zog den Dolch hervor und schrieb darauf: »Versprach's, wenn ich mit den Brüdern geredet, hab sie bis heute nicht geseh'n.«

Er gab den Stein dem Mädchen zurück. »Brings dorthin, wo du das bekommen hast.«

Dann hieb er dem Pferd heftig die Fersen in die Weiche und jagte von dannen. Der Teufel reitet kaum schneller.

12. Der Auftrag

ie er's gesagt, verging eine Woche, ehe er nach Megling wiederkehrte. Gegen Abend war es und der Pfalzgraf noch auf dem Ausritt abwesend. Adelhard traf er allein in der Halle. Sie begrüßte ihn mit ausgestreckter Hand und fragte, wie es um Markwarts Burg stünde. Sie saßen redend auf den Steinbänken einer tiefen Fensternische sich gegenüber, aus welcher der Blick weit ins Alztal hinunterging.

Er erwiderte, gar manches habe er anders instandgesetzt, denn es sei unwirtschaftlich und roh gewesen, wohl ausreichend für das Bedürfnis eines Mannes, doch nicht, wenn er einmal eine Frau als Herrin auf die Burg heimführte. Danach fragte er Adelhard, was sie während seiner Abwesenheit getan hatte, und sie antwortete, daß sie eben vom Hügel herabgekommen sei, wo sie nach den Bergen hinübergeschaut habe. Einer von ihnen sehe einer Fledermaus ähnlich, einer Fledermaus mit ausgespannten Flügeln, darunter habe die Abendsonne auf einem hellen Punkt geblinkt, ob das Markwartstein gewesen wäre?

»Ja, wenn es unter der Fledermaus glänzte, da haben deine Augen es eben zum erstenmal gesehen,« erwiderte er.

Abendröte fiel durchs Fenster und über das Antlitz Adelhards, doch ihre Wangen blühten noch höher, als das Licht sie zu färben vermochte. Einen Augenblick schwieg sie, aber dann gab sie schnell zurück: »Nein, du redest mir einmal nicht die Wahrheit und so tat ich's eben nicht. Ich sah deine Burg nicht zum ersten Mal heute in der Weite, denn seitdem du fortgeritten, war ich an jedem Tag droben auf der Höhe und blickte hinüber.«

Während sie noch sprach, trafen sich die Augen der beiden und die Blicke tauchten ineinander. In das letzte Wort aber klang der Hornruf von draußen, der Pfalzgraf kam heim und trat rasch in die Halle. Er hatte eine Nachricht empfangen, die ihn gleich zur Ausführung seines Planes veranlaßte, so daß er hoch erfreut war, Markwart zurückgekehrt zu sehen. Noch stehend teilte er ihm mit, er habe ihn ausgewählt, morgen an den Hofhalt des Herzogs nach Landshut zu reiten, denn dieser selbst, der von der Schönheit der Adelhard gehört hatte, wünsche, sie bei sich zu sehen, ob sie ihm als Mage für seinen Sohn gefalle.

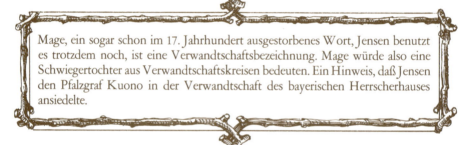

Mage, ein sogar schon im 17. Jahrhundert ausgestorbenes Wort, Jensen benutzt es trotzdem noch, ist eine Verwandtschaftsbezeichnung. Mage würde also eine Schwiegertochter aus Verwandtschaftskreisen bedeuten. Ein Hinweis, daß Jensen den Pfalzgraf Kuono in der Verwandtschaft des bayerischen Herrscherhauses ansiedelte.

Da war es einen Augenblick, als ob auf den Angesprochenen ein Blitzschlag niedergefahren sei, er stand wie betäubt. Dann raffte er seine Kraft zusammen und erwiderte: »Mich wollt Ihr zu solcher Sendung küren, Oheim? Laßt sie mich kürzer vollbringen und zur Stunde tun, was ich ohne Euer Zumuten wohl bis auf morgen verschoben hätte, für mich selbst um Eure Tochter zu werben. Denn ich hege den Glauben, sie trachtet nach keinem Herzogssohn, sondern was Ihr bewilligt, schlägt sie meiner Bitte nicht ab.«

Erstaunt sah der Pfalzgraf Kuono den Markwart an, als sei diesem Unglaubliches vom Munde geraten, ehe er entgegnete: »Seid Ihr auf Eurem Ritt in der Sonne irren Kopfes geworden, Vetter? Erholt Eure Vernunft an einem frischen Trunk und ich will es als einen guten Spaß ansehen, daß Ihr um meine Tochter gefreit. Dann reitet in der Frühe nach Landshut. Euer Sendbrief wird in einer Stunde fertig sein. Du, Adelhard, geh in deine Kemenate!«

Diese Antwort war nicht zu mißdeuten und herausfordernd. Das Mädchen stand, blaß geworden wie die Seerosen auf dem See zu Seeon, verhaltenen Atems, dann gehorchte sie und ging wortlos zur Türe hinaus.

Markwart sah ihr nach, ob sie ihm nicht einen Abschiedsblick zuwende. Doch sie war die Tochter des großen Pfalzgrafen, und auch mit den Augen seinem Befehl nicht zuwiderhandelnd, verließ sie die Halle. Zufrieden aber und als ob ihn der Wortrausch der letzten Augenblicke in Wirklichkeit nur mehr als ein Scherz dünkte, sagte Graf Kuono: »Also morgen mit Sonnenaufgang, Vetter, denn man muß eine Fürstenkrone nicht warten lassen. Oder wenn Ihr es vorzieht, reitet noch heute Nacht, so seid Ihr eher am Ziel. Wir haben Mondlicht und die Wege sind hell.«

Der junge Mann nickte stumm, das schien ihm das Liebere zu sein. Er begab sich in die Stallung und schüttete seinem Pferd reichlich Hafer in die Krippe. Dann ging er zur Burg hinaus und umschritt den breiten, in den Fels gehauenen Graben und schaute nach dem Gemach, das Adelhard bewohnte, hinauf. Doch obwohl der Verschluß ihres Fensters geöffnet stand, ließ sich nichts von ihr gewahren, sie zeigte sich dem Markwart nicht, ganz wie es der Vater befohlen hatte.

Die Sonne war lange gesunken, es wurde dämmernd und dunkel um

ihn, denn der Mond ging erst zu späterer Stunde auf. So kehrte er nach vergeblichem Warten mit fressender Bitternis im Herzen zum Stall zurück und sattelte sein Roß.

Doch er sprach nicht beim Schreiber seines Oheims vor, sich den Brief von ihm zu holen, sondern er schwang sich in den Bügel, hieß den Torwächter, ihm zu öffnen und ritt abschiedslos aus der Burg.

Aber wie er noch unweit von der Burg an eine Wegkreuzung gelangte, stutzte sein Pferd, denn es trat jemand heran, eine Landmagd schien es zu sein. Das Licht ließ eben noch die bäuerliche Tracht erkennen.

»Was willst du?« fragte er kurz, und sie erwiderte: »Reitet Ihr nach Landshut, Herr?«

Da war es die Stimme Adelhards, daß ihm einen Augenblick das Herz stillstand, und sie fügte hinzu: »So zieht Eures Weges allein und richtet aus, ich wolle keine Krone auf dem Scheitel. Aber reitest du nach Markwartstein, da habe ich eine Bitte an dich, nimm mich mit dir, denn mein Verlangen ging in der letzten Woche zu oft dorthin, und ich habe nicht Flügel, durch die Luft hinüber zu fliegen.«

Ein Schrei flog ihm von den Lippen, und stürmisch schlug ein paarmal sein Herz, das Versäumte nachzuholen. Dann hatte er blitzschnell Adelhard zu sich auf's Roß gerissen, sie schlang zum Halt ihren Arm fest um ihn, und hastig sprengte er mit ihr an der Alz aufwärts durch die Nacht davon.

13. Die Jagd

rotz der Verkleidung Adelhards indessen hatte der Torwärter sie zu erkennen geglaubt, als sie die Burg verlassen hatte, und da kurz danach Markwart hinterdrein gefolgt war, dünkte es ihm befremdlich, so daß er ging und seine Wahrnehmung dem Pfalzgrafen hinterbrachte. Der sah den Botschafter zwar an, als ob derselbe Undenkbares rede, aber er suchte dann doch nach seiner Tochter im Schloß, und da sie nirgends zu finden war, befiel ihn die jähe Schreckenserkenntnis, daß die Meldung Wirkliches berichtet habe und was dies bedeuten müsse. In einem Nu hatte sein Ruf alle Edel- und gemeinen Knechte der Burg zusammengerufen und sie beauftragt, nach allen Richtungen des Windes und mit dem Wind um die Wette davonzureiten, um die Entflohenen einzuholen.

So scholl in kurzer Frist auf jedem Weg rings um Megling stiebender Hufschlag durch die Nacht.

Markwart ritt mit seiner schönen Habe im Arm gerade südwärts seiner Burg entgegen. Er wußte, daß ihnen die Verfolgung drohen werde und vergönnte sich nicht die flüchtigste Weile, um auch nur ein Wort mit Adelhard zu reden. Unablässig achtsam, sein Roß nicht straucheln zu lassen, spornte er es fort.

Der beinahe volle Mond ging über den Bergen auf, das Land und den schlechten Weg beleuchtend, sein weißes Licht rieselte vor den Flüchtigen am Turm der Wasserburg Poing auf einer von der Alz umkreisten Insel. Diese Burg gehörte denen »de Truchtlaichingen, Lehensleuten des Erzbistums Salzburg.«

Ein guter Vorsprung war erreicht, doch das Roß begann zu ermatten, hatte es doch den selben Weg heute schon einmal bis Megling zurückgelegt, und gegenwärtig trug es doppelte Last.

Und da - einen Atemzug lang hielt der Reiter aufhorchend an - erscholl eiliges Getrapp hinter ihnen auf der Straße. Nur kurz noch, und deutlich war's, sie wurden verfolgt, und unverkennbar, die Nachsetzenden verringerten ihre Entfernung. Die Straße ließ kein Entrinnen erhoffen, unwillkürlich lenkte Markwart auf einen schmalen Weg zur Rechten ab.

Aber die Nacht war zu hell, die Jäger nahmen das Ausbiegen des Wildes wahr und stürmten hinterdrein. Durch moorige Niederungen ging die Jagd, jetzt in einen schwarzen Waldbusch hinein und wieder heraus. Da dehnte es sich sonderbar wie ein endloser stählerner Schild, matt glimmend, nur hie und da sprang es wie ein Silberfunke auf. Wie etwas Geisterhaftes erschien es vor den Flüchtenden, auf den ersten überraschenden Blick sinnverwirrend. Der weite Chiemsee war's, in todesartig schweigender Ruhe vom Mondschein übergossen.

Vernehmbar klirrte hinter den Fliehenden schon das Eisengerassel der Waffen, besinnungslos hielt Markwart geradeaus auf die Wasserfläche zu. Am Gestade stand hier die Hütte des Fischers Arlacho, der sich hier in der Ufereinsamkeit angesiedelt hatte, und seitwärts davon lag etwas langgestreckt Dunkles am Strand. Der junge Burgherr vom Markwartstein kam garnicht zu Bewußtsein, was er tat, wie von einem Instinkt getrieben, vollbrachte er alles mit Blitzesschnelle. Adelhard mit sich reißend, war er abgesprungen und in den dunklen Gegenstand hinein. Die Pferde der Meglinger brausten heran, Gedröhn und Geschrei. Jagend schossen die Verfolger ins aufklatschende seichte Wasser, auf einen Einbaum zu, der kaum noch in doppelter Sprungweite vor ihnen vom Ufer gestoßen ward.

Da wich der Grund jäh unter den Hufen der Rosse, sie stürzten vornüber, rangen sich, den Gehorsam versagend, schnaubend an den Strand zurück.

Wie die Reiter aufzublicken vermochten, schwamm das dunkle Fahrzeug nicht mehr erreichbar drüben im silbersprühenden Gewässer. Gegen Südwesten hinüber, und der rinnende Strahlenschleier der Nacht hüllte es ein.

14. Wohin?

arkwart zeigte sich in der Kunst des Einbaumruderns gut geübt, mit kräftig sicherem Schlag trieb er das Schiffchen vorwärts, sorgsam darauf achtend, daß es sich nicht im Kreise drehte. Die beiden Insassen hatten seit dem Fortritt von Megling kaum einige Worte miteinander gesprochen, nun taten sie's zum ersten Mal.

Adelhard saß ihrem Gefährten gegenüber, und sie blickte ihm ins Gesicht.

Rastend zog er das Ruder herauf, doch gleich einer Schranke legte er es zwischen sich und Adelhard quer über die Seitenwände des Einbaums. So fragte er, und seiner Brust versagte der Atem: »Wohin willst du, daß ich dich bringen soll?«

Sie antwortete ruhig, kein Zittern noch Zagen klang in ihrer Stimme: »Dahin, wo du bist.«

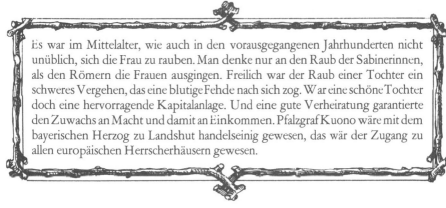

Es war im Mittelalter, wie auch in den vorausgegangenen Jahrhunderten nicht unüblich, sich die Frau zu rauben. Man denke nur an den Raub der Sabinerinnen, als den Römern die Frauen ausgingen. Freilich war der Raub einer Tochter ein schweres Vergehen, das eine blutige Fehde nach sich zog. War eine schöne Tochter doch eine hervorragende Kapitalanlage. Und eine gute Verheiratung garantierte den Zuwachs an Macht und damit an Einkommen. Pfalzgraf Kuono wäre mit dem bayerischen Herzog zu Landshut handelseinig gewesen, das wär der Zugang zu allen europäischen Herrscherhäusern gewesen.

15. Das Gottesgericht

enn droben auf der felsigen Spitze des hohen Berges, der seine Seitenlehnen gleich den Flügeln einer Fledermaus ausspannte, in dieser Nacht jemand stand, so konnte er tief drunten den kleinen dunklen Punkt inmitten der schimmernden Wasserfläche, der ein holdseliges Glück in sich schloß, nicht mit dem Blick unterscheiden. Doch seltsam anders als von drunten aus dem Boot sah er die Welt unter sich hingedehnt. Ihm lag der weite Chiemsee wie ein kleiner Teich aus geschmolzenem Silber zu Füßen, zackig umrändert von schwarzen Wäldern und weißüberbrauten Moosniederungen, unermeßlich umgeben vom Rahmen des gesamten Chiemgaus und der Lande fern drüber hinaus, bis zur Isar, zur Donau und den dunklen Wellen des Böhmer Waldes. Dort die kleine glitzernde Spiegelung nördlich vom Ausfluß der Alz war der See von Seeon, weiter zur Rechten der gelbliche Schimmer, die senkrecht aufsteigende Felswand der Höhlenburg Stein. Im Chiemsee schwammen deutlich erkennbar die drei Inseln, die Künzelsau, einer winzigen Scholle gleich zwischen dem grauen, betürmten Klosterbau von Nonnenwörth und dem großen, finsterüberwaldeten langverödeten Herrenwörth, das seit Menschengeschlechtern seinen alten Namen im Gedächtnis der Seeumwohner verloren hatte. Hoch über allem durch den Äther zog die beinah vollgerundete Mondscheibe dahin.

Aber wenn die Fledermaus sehende Augen droben auf ihren Felsenschwingen trug, so nahmen sie auch gewahr, daß der tiefe Nachtfrieden ein trügerischer, von unheimlich heraufdrängendem Geknäuel bedrohter sei. Einem Riesenungetüm der Vorzeit ähnlich reckte es sich vom Inn her am

Himmel empor, blaues und gelbes Aufglühen aus den Augen schießend, dann und wann mit dumpfem Geknurr Luft und See erschütternd. Der Schatten des Ungeheuers lief, wie von tausend Füßen bewegt, hurtig meilenweit über die beglänzten Lande und löschte ihre Helle aus. Sein näher aufrückender Kopf zerfaserte sich in lange, schwarze Haarsträhnen, die wildgepeitscht umherflogen. Schwer rollend warfen die Berge ein wildes Aufschnauben zurück. Hier funkelte der See noch wie flüssiges Metall, dort wandelte er sich hastig in Tinte um, die zuckende düstere Ströme über die Spiegelbahn vorschnellte.

Drunten jedoch im einsamen Einbaum auf der weiten Seefläche hatten Auge und Ohr nichts von dem herantobenden Unwetter wahrgenommen, ehe plötzlich der Mond hinter jagenden Wolken verschwand. Fast zugleich aber auch fuhr ein erster Sturmstoß heulend und aufwühlend in die Wasserruhe hinein. Wie aus dem Nichts geboren, bäumten sich schäumende Wellen, warfen das Boot empor und rissen es hernieder. Hagelsturz schlug knatternd auf das Holz, unter seiner Wucht zischte ringsum der See, als werde er mit Feuerbränden gepeitscht. Wie Sonnenmittag war's gewesen und nun sternlose Mitternacht. Nur blickeskurz schossen gelbe Schlangen und rote Zacken aus der Luft, blendend und geisterhaft den quirlenden Gischt überhellend.

Dann lag alles erloschen, als ob die Augen für immer ihre Sehkraft verloren, und wie beim Einbruch des Himmelsgewölbes durchkrachte die Finsternis ein Geschmetter, Gepolter und endloses Umrollen des Donners.

Nicht mehr beherrschbar, ein willenloser Spielball in Wogen und Wind flog das kleine Fahrzeug auf und ab. Markwart hatte Adelhard auf den

Boden niedergezogen, trachtete danach, sie gegen den heftigen Anprall der schweren Hagelschlossen zu decken. Halb unbewußt war's ihm vom Mund geflogen: »Ein Gottesgericht!«

Und ohne sich zu regen, erwartete er den aus jeder hoch aufschnaubenden Welle drohenden Untergang. Auch Adelhard bewegte sich nicht, sie hielt den Arm fest um seinen Nacken, ihren Kopf an seiner Brust. Nur einmal sagte sie leise: »In der Nacht, als du mich zu Seeon auf dem See gefahren, träumte mir's so. Nun ist's geworden und ich bin bei dir. Mein Arm läßt dich nicht und mich deiner nicht, was kann uns schrecken?«

Brüllend spielten Sturm und See mit dem winzigen Holzstück, schleuderten es gleich einem Rohrhalm durch die Nacht. Doch es war ein Einbaum, aus tausendjährigem Eichenstamm gehölt, stark und unzerbrechlich, und er bot dem Aufruhr des Wassers Trotz, wie er einst, von der Windsbraut unerschüttert, in der Erde fest verwurzelt stand. So trieb er im tosenden Gewoge dahin, Stunden hindurch, von schimmerloser Schwärze umgeben. Dann allmählich kam von Westen ein matter Schein zurück, verhängtes Licht des niedergehenden Mondes hinter der sich dünner lockernden Wolkenschwere. Und beruhigter hub der See an, gleich einer erlösten Brust sich in lang ausatmenden Wogen zu heben und zu senken. Hoffnung kehrte in Markwarts Seele, er faßte das Ruder wieder, und das Boot gehorchte wieder seinem Willen.

Der Blick ließ ihn in der Entfernung den tiefschwarzen Schattenriß eines hohen, weitgestreckten Waldes unterscheiden, darauf lenkte er zu. Wohin sie verschlagen worden waren, wußte er nicht. Aber was es sein mochte, das Ufer bot rettende Sicherung bis zum Morgenanbruch. Bald zeigte es sich von einem breiten Schilfgürtel umrändert, knirrschend glitt der Einbaum geraume Zeit lang durch die hohen, ausbiegenden Halme, dann stieß er unvorgesehen auf festen Strand.

Auf diesen hob Markwart seine Gefährtin hinüber und sagte: »Das Gottesurteil hat geredet; um deinetwillen hat es auch mich begnadet. Nun schreckt die Nacht mich nicht mehr, hinter mir ist sie vergangen, und du bist die Sonne, die den neuen Tag bringt.« Tiefernst hatte er's gesprochen, doch freudevoll klang seine Stimme am Schluß auf. Er bückte sich, zog den Einbaum rasch fest ans Land und ergriff wieder die Hand Adelhards.

16. Wiederkehrende Vergangenheit

arkwart kämpfte sich im Finstern durch das Unterholz des Ufer-
waldes, eine leichte Anhöhe empor. Dann wurde es heller, auch
hier oben mischte sich Gestrüpp mit engverflochtenem Rank-
werk, und hohes Gekräute übernickte senkrecht niederfallende,
als schmale, scharfe Felsgrate erscheinende Steinwände.
Doch wie sich die Augen gewöhnten, erkannte Markwart nicht
Schroffen und Zacken, von Natur gebildet, sondern überwilderte
Reste eines großen, längst verfallenen Bauwerkes von Menschenhand.
Eine weite, leblose Trümmerwelt dehnte sich ringsum.

Erstaunt hielt Markwart: »Wo sind wir? Was kann dies sein? Ich kenne
nichts von der Art rund um den See.« Adelhard schwieg.

Da wurde sein Blick überrascht. In einiger Entfernung glomm an einem
efeuumsponnenen Mauerstück ein rötlich zündelnder Schein auf, erlosch
und kehrte wieder. Unwillkürlich setzten die Ankömmlinge den Fuß vor,
da glühte es um eine Ecke ihnen entgegen.

Dann unterschieden sie ein noch mit drei Wänden erhaltenes und von
steinernem Gewölbe überdachtes Gelaß, dem nur die Vordermauer fehlte.
Flammenlichtwurf. Im Hintergrund des Raumes brannte auf einer herd-
artigen Feuerstelle eine Flamme, die gespenstisch schreckhaft anzublicken-
de Umgebung überflackernd. Auf eingerammten Pflöcken steckte ungefähr ein Dutzend gelbweißer Totenschädel, sie standen im Kreis, sahen sich
mit den leeren Knochenhöhlen der Augen an und schienen zwischen den
bleckenden Zähnen der hohlgebogenen Kiefer hindurch unhörbar miteinander zu reden. Vor dem Herd aber bewegte sich etwas, die Gestalt

eines schwarzhaarigen, über zerfetzten Untergewändern mit einem Hirschfell bekleideten Mannes. Er schürte das brennende Geäst. Wenn er vor das Feuer trat, verschwand der Flammenschein draußen und kehrte, sobald er sich seitwärts bog, zurück.

Nun fuhr sein Kopf jäh hoch und herum.

»Putulung!« rief überrascht Adelhard aus.

»Das war Osila,« stieß er aus.

Mit einem Sprung schnellte er vor: »Kommst du zu mir?«

Da gewahrte er zurückfahrend den Begleiter des Mädchens und starrte ihn sprachlos an, bis er allmählich seine Besinnung wiederfand: »Was wollt Ihr? Ich kenne Euch, Ihr seid Herr Markwart von der Burg drüben unter dem Berg. Was sucht Ihr bei mir?«

Markwart hatte verwundert die Szene verfolgt, nun ließ er sich von Adelhard mitteilen, woher sie den zwischen den Trümmern Hausenden kenne. Dann erwiderte er, hocherfreut: »So schüre dein Feuer stärker, daß meine Braut sich trocknen kann, denn wir sind naß von Regen und See. Und gib, wenn du Speise hast, sie zu kräftigen!« Stumm gehorchte Putulung, warf Reisig ins Feuer und holte aus einem Mauerloch einen großen, silberschuppigen Fisch hervor. Allerhand absonderliches Tongeschirr, zerbrochen und altersschwarz, stand am Boden herum. In das größte der Geschirre tat er den Fisch und schob es, ihn zu rösten, über das Feuer.

Adelhard belebte sich von der Wärme der Glut und gab der Verwunderung Worte, den ehemaligen Burggenossen von Megling hier zu finden.

»Ich wußt mir keine andere Stätte, auf der ich bleiben könnte, als Euer Vater mich aus seinem Burgbann gejagt hat.«

Sie fiel ein: »Und du zürnst mir nicht, daß es um mich geschah, sondern

schürst mir dein Feuer und gibst mir Nahrung? Du bist gut, Putulung.«

»Ich könnt's nicht, wenn Ihr nicht für mich gebeten, dann läge ich am Teichgrund von Neureit. Ihr wolltet die Blumen nicht, und Zwentebold kam über mich, daß er mir das Blut mit Wahnwitz schlug. Aber heute vergebt Ihr mir, denn Ihr nehmt die Schüssel aus meiner Hand, Euren Hunger zu stillen.«

Sein Blick achtete sorglich auf die Bereitung des Fisches.

Markwart fragte jetzt: »Wohin sind wir denn hier gekommen?«

»Auf die Au, die einstmals Herrenwörth benannt gewesen.«

Staunend Markwart: »So sitzen wir in den Trümmern des Klosters, das zu unserer Vorväter Zeit hier gestanden und von den Hunnen verheert worden? Niemand kommt hierher, man spricht um den See, böse Geister hausen drin.«

Gegen Adelhard gekehrt, murmelte Putulung: »Nur ein häßlicher, doch Ihr habt gesagt, daß er nicht böse sei.«

Der Fisch war genießbar zugerichtet, und der seltsame Wirt des absonderlichen Gastgemaches hob den Rest eines zur Hälfte zerstückelten Kruges vom Boden und verschwand damit. Als er zurückkam, blinkte darin nicht klares Wasser, sondern eine rote Flüssigkeit.

»Was ist das,« wollte Markwart wissen.

»In einem dunklen Kellerverließ habe ich mehrere alte unversehrte Fässer gefunden, daraus schöpfe ich für meinen Durst.«

»So gib meiner Braut davon! Sie bedarf eines stärkenden Trunkes nach der Mühsal und Schrecknis der Nacht.«

Putulung griff zur Seite und zog eine Schale hervor, füllte dahinein von dem Wein. Aber wie er die Schale Adelhard reichte, schauderte sie zurück,

denn es war die Scheitelhöhlung eines Menschenschädels, und der Trunk glomm darin wie dunkelrotes Blut.

Putulung hatte ihr das Gefäß gereicht, aus dem er zu trinken pflegte, jetzt sah er das Grausen über die Züge des Mädchens gehen. Er suchte nach einer geeigneten Tonscherbe, um diese zu füllen.

Der Geschmack des Weines war ohne Inhalt, er war duftlos, von fader Herbe. Seit anderthalb Jahrhunderten lagen die Fässer vergessen drunten in der Tiefe. Doch die erwärmende Kraft, welche die Sonne einstmals in die Trauben hineingeglüht, hatte der Wein sich bewahrt. Die bisher bleichen Gesichter der Trinkenden röteten sich. Auch von dem einfachen Mahl genossen sie mit Eßlust dazu, und frische Kraft belebte ihnen die Glieder und Sinne.

Markwart betrachtete nunmehr die unheimlich-wunderliche Ausstattung des Raumes. Besonders geartete, schmalschläfige Schädel mit niedriger, flach zurückgebogener Stirn waren's, die von den Pflöcken herabsahen. Nur einer, um den sie im Kreis standen oder hingen, zeigte sich anderen Baues, hochhäuptig und breit an den Seiten ausgerundet. Er steckte auf einem höheren Pflock, und es lag etwas in seiner Haltung und seinem Ausdruck, als blickte er geringschätzig auf die Genossenschaft um ihn nieder.

»Solche Totenschädel sah ich nie zuvor. Wie kommen sie hierher? Wer sind sie?«

Nicht als erwidere er die Frage, sondern rede in leerer Einsamkeit laut mit sich selbst, kam es Putulung vom Mund: »Sie sind nicht mehr, sie waren einmal. Der Wind vom Osten jagte sie wie die Wolken, er brachte sie ins Land, wie die Schrecken, die das Feld zerfressen. Auch über das Wasser schwammen sie und kamen hierher, und Blut troff unter ihnen,

und hinter ihnen war Lohe des Feuers.

Aber nicht alle schwammen zurück über den See. Die da hängen, blieben hier. Sie konnten nicht weiter, denn Schwert und Beil warfen sie nieder, und rote Lache floß um sie. Die Tiere des Waldes kamen, ihr Fleisch zu fressen, die Würmer nagten ihr Gebein, und Regen und Sonnenbrand zermürbten es zu Moder. Nur die Schädel waren hart und blieben übrig. Ich habe sie ausgegraben unter Moos und Wurzeln, daß sie als Gesellen bei mir sind. Denn die Lebendigen wollen mich nicht unter sich und ihre Füße stoßen mich weg.«

»So sind es Hunnenschädel?« fiel Markwart, der aufmerksam zugehört hatte, ein. »Aber der dort in der Mitte« - seine Hand deutete - »gehört nicht zu ihnen. Seine Art ist anders, warum hast du ihn über sie gestellt?«

Putulung antwortete im gleichen Ton: »Weil er so über ihnen auf der Klostermauer stand, als er lebte und auf sie niedersah, wie auf rohes Getier. Von besserem Volk war er, von den Herren einer, vielleicht der Abt. Sie konnten ihn töten, aber nicht seine Verachtung ihres Stammes, sein Schädel blickt noch ebenso auf sie herunter, wie seine lebendigen Augen, und seine Zähne sprechen statt der Zunge: Ihr waret ekles Gewürm. Ja, Hunnen hießen sie sich, aber die hier im Lande saßen, nannten sie die »Hunde«, weil sie garstig waren, rauh von Haaren und lechzend von Gier wie die Wolfsmeute. Und wer heute von einem redet, der ihr Blut fortträgt, heißt ihn den Hunnenhund.«

Auch Adelhard, obwohl mit der Müdigkeit kämpfend, hatte zugehört, und das letzte Wort traf ihr mit bitterem Klang ins Ohr. Unwillkürlich streckte sie die Hand aus und sagte: »Vergib mir's, Putulung! Ich war aufgebracht und wußte nicht, was mein Mund tat.«

»Ihr dürft's - Ihr allein! Ich war von Sinnen, daß ich's von Euren Lippen nicht litt.«

Er stieß es hervor, doch faßte er ihre Hand nicht, sondern bückte sich und küßte einen Zipfel ihres Gewandes, wie er's zu Neureit getan, als ihre Fürbitte ihm das Leben geschenkt hatte.

Adelhard entgegnete jetzt ablenkend: »Woher weißt du das, was du uns erzählt hast?«

»Wir wissen's alle, die noch das schwarze Haar fortgetragen und drunter das Gesicht von anderer Farbe. Unsere Väter und Mütter - wer's von ihnen war - haben's uns berichtet und sie wußten's von ihren, bis hin zu ihr.«

»Zu ihr? Zu wem?« fragte Adelhard.

Er antwortete nicht, so fuhr sie fort: »Als ich dich anrief, flog dir wieder der Name vom Mund, wie damals auf Neureit. Osila! stießest du aus, als benenntest du mich so. Warum? Ich fragte dich umsonst, so sag's mir jetzt!«

Doch er schüttelte den Kopf und wandte sich Markwart zu: »Ihr hießet des Pfalzgrafen Tochter Eure Braut. Ist sie Euer Gemahl?«

Braut bedeutete damals soviel wie »zur Heirat versprochen« wie auch »Jung-vermählte«.

Markwart berichtete kurz, was vorgefallen war. Dann stand Putulung auf: »So muß Eure Braut eine Weile ruhen, damit sie Kraft zur Weiterfahrt gewinnt.«

17. Zwentebolds Aussaat

n einer Wand befand sich eine Lagerstatt aus Moos und trocke-
nen Binsen, darauf häufte er weiche Schilfblüten und deutete
Adelhard den Ruheplatz. Sie folgte willig, denn ihre Lider
vermochten sich nicht mehr offenzuhalten. Sie fiel sogleich
in festen Schlaf.

Markwart aber blieb, dem seltsamen alten Wein zusprechend,
am Feuer sitzen. Seine kraftvolle Mannesnatur war von den Müh-
salen und Ängstigungen der Nacht nicht ermüdet, vielmehr in gesteigerte
Erregung versetzt worden. Auch das Fremdartige der Umgebung trug
dazu bei. Er hörte gern auf die eigenartige, schwermütig klingende Sprech-
weise von Putulung.

Er hatte begriffen, daß Putulung von dem fremden Blut in sich trage, das
einstmals auch in den abgedorrten Schädeln geklopft, und sein Anblick
beließ ihm nicht Zweifel, so mußten die Hunnen ausgesehen haben, als sie
gleich Heuschrecken oder wie eine gierige Wolfsmeute aus dem Osten
dahergestürmt waren. Doch von ihrer Art hatte ihr später Abkömmling
nur das Äußere bewahrt, nicht die tierische Rohheit und Wildheit, an ihre
Stelle war bei ihm eine Erkenntnis seiner niedrigen Abstammung und
häßlichen Bildung getreten, scheue Demut und ein innerlich verhaltenes
Schmerzgefühl über seine, den um ihn Lebenden widrige Art. Er empfand
bitter, daß er ihnen Abscheu einflöße, Widerwillen, ihn zu berühren, die
Luft mit ihm zu atmen, das gab sich in seiner Miene und seinem Reden
kund.

Er erwiderte auf alle Fragen Markwarts, bis diesem etwas ins Gedächtnis

fiel: »Da du zuvor mit meiner Braut redetest, geriet dir ein Wort aus dem Mund: Zwentebold sei über dich gekommen und habe dein Blut mit Wahnwitz geschlagen. Ich verstand's nicht, nur daß es ein Mensch gewesen, von dem du gesprochen hast, denn auch ich kenne einen, der den Namen Zwentebold trägt.«

»Da hütet Euch vor ihm, Herr!« entflog dem Hörer, »er deutet nicht auf Gutes.« Nach kurzem Schweigen fügte er hinzu: »Ich weiß, von wem Ihr redet, denn den Namen trägt nur einer mehr im Chiemgau.«

Er stand vom Sitz auf: »Wollt Ihr's wissen, so kommt. Die Jungfrau wird nicht aus dem Schlaf wachen, bis wir zurückkehren.«

Markwart folgte der Aufforderung und Putulung führte ihn durch die Klostertrümmer ein Stück Treppe hinauf. Es begann zu dämmern. Von hier oben sah man auf die Künzelsau und auf Nonnenwörth hinüber.

»Was willst du mir weisen?« fragte Markwart seinen Führer. Der deutete nach Nonnenwörth und hub an: »Sie verwandelten die Bäume am Ufer in Flöße und dorthin zogen sie übers Wasser, wie hierher. Und das Blut floß dort in den See, und die Flammenlohe ging über die Insel, wie hier. Doch sie ließen keine Schädel auf ihr zurück, denn die Nonnen wehrten sich nicht mit Schwert und Beil. Sie erstickten in Feuer und Rauch oder suchten umsonst, zu fliehen. So tats Osila, die schönste von ihnen allen. Und Zwentebold sah sie, der Herzog derer, die an den See gekommen, und sie dünkte ihn köstlicher als Gold und Silber im Kloster, nach dem die anderen die Kirche durchwühlten.

So jagte er sie wie ein Wild, das im Wasser schwamm, und sie flüchtete vor ihm auf die Künzelsau, da holte er sie ein. Ihr Haar warf Glanz, als sei es von Gold gesponnen, denn sie war eines Vornehmen Kind, von hoch-

edlem Blut. Und wärs am heutigen Tag gewesen, da wären Knechte ihres Vaters zu ihrer Hilfe herbeigestürzt und hätten den, der sie bedrohte, gepackt und gebunden, und der mächtige Herr hätte geboten: Ersäuft das widrige Tier im See!

Aber es hörte niemand ihren Hilfeschrei, und Zwentebold fragte nicht, ob er garstig für ihre Augen und ein Abscheu für ihre Lippen sei.

Denn ihm und seinem Volk galt sein Blut nicht minder edel als ihres, und er zwang's ihr auf, ob er ihr zum Ekel war oder nicht. Dann ließ er sie und zog mit dem Schwarm weiter wie die Windsbraut, und sein Schädel liegt irgendwo zum Sonnenuntergang hinüber, von Wölfen abgenagt, im Gestrüpp. Doch die Kraft seines Lebens ließ er auf der Erde zurück, denn Osila bewahrte sie und gab sein Abbild der Sonne wieder.

Nicht ihr glich's, sondern ihm, nicht dem weißen Lamm, sondern dem gelben Wolf. Und ihre Sippe kam und wollte das schwarze Ding ertränken als ein ekles Gezücht.

Aber nicht seines nur war's, auch ihres, und wie man's ihr wegzunehmen trachtete, hielt Osila es mit Mutterarmen fest und wollt' es nicht umbringen lassen. Da stießen ihre Magen sie aus, als eine, deren Blut und Trieb unrein geworden, zum Schimpf für ihre Sippe und ihr Volk. Und sie fand keine Statt mit ihrem Kind irgendwo, als hier in der Wildnis, wo die Toten noch lagen und der Brandgeruch noch über dem Schutt. Vielleicht dort im Gemäuer, wo Ihr mich traft, nährte ihre Brust den Hunnensohn auf, und sie hieß ihn Zwentebold nach seinem Vater, denn seinen Namen hatte der ihr auf der Insel zum Gedächtnis gelassen, wohin ihr Blick von hier hinüberging. Was ihr selbst zur Nahrung gedient, hat keiner gesehen, Wurzeln und Beeren und wohl der Fisch und Muscheln des Wassers, wie

mir. Doch der Sproß ihres Leibes wuchs groß, wild wie die Wolfsbrut, von der er abgefallen, und wie sein Vater fragte er nicht, wenn er eine Dirne wehrlos im Busch traf, ob er ihr widrig sei. Davon stammen sie her, die seine Art noch weitertragen, und sie wissen's von Vätern und Müttern, wie ich.

Nicht alle sind heut' gemeine Knechte, gleich mir. Auch edles Blut hat sich mit ihnen gepaart und aus den Raben Raubvögel gezeugt, die im Geiernest horsten. Aber alle heißen sie Osila ihre Mutter, die zu ihnen gehört, denn auch von ihr haben sie empfangen, daß sie nicht alle abschreckend von Aussehen geblieben, wie ihr Ahn Zwentebold.

Es sind welche, denen Osilas Vermächtnis Schönheit gegeben hat, und so einem Weibe zugefallen, da mag es sein, daß Mannesaugen auch Eures Volkes sich mit heißem Verlangen nach ihr füllen.«

Putulung schwieg. Doch Markwart entfuhr es: »So ist die Bärin im Stein mit ihren Jungen auch vom Hunnenblut - Zwentebold heißt der eine - und daß sie heiße Begier weckt, vor der nichts schützt, das habe ich selbst erlebt.«

Ein Schreck fuhr über die Züge Putulungs: »Was redet Ihr, Herr? Wart Ihr im Stein bei Willibirg und widerstandet Ihr nicht?«

Halb verworrenen Sinnes gab Markwart Antwort. Es überstürmte ihn, daß er nichts verschwieg.

Und Putulung gab zurück, mit unruhvollem Stimmenklang: »So sprach ich nicht umsonst, hütet Euch! Sorgt Euch weniger um des Pfalzgrafen Zorn, als um das kochende Blut im Stein! Und um so mehr -«

Er hielt inne, Markwart anblickend.

»Was ist?«

»Ob Eure Augen gleich dem Himmelsblau sind - zürnt mir nicht da-

Klosterkirche Frauenchiemsee

rum - doch aus Eurem Haar spricht's mir, Ihr seid auch von dorther von der Künzelsau gekommen, Eurer Vormütter eine, die ihr dunkles Gelock Euch fortvererbt. Nur ein versprengter Tropfen ist's aus dem Lebensstrom, den Zwentebold ausgebreitet, aber die Bärin witterte ihn in Euch, das entzündete ihre Begierde. Und sie läßt Euch nicht, sie trachtet, Euch in die Höhle zurückzubringen, ob Ihr willig seid oder nicht.«

Dann kehrte Putulung sich ab: »Der Tag wird dämmernd, Ihr müßt fort mit Eurer Braut, auf daß Ihr das Ufer drüben noch zeitig erreicht. Laßt uns geh n, die Schlafende zu wecken!«

18. Hunnenhund?

arkwart ließ sich leiten. Wunderlich durchzog ihn, was Putulung gesprochen hatte. Er war anders geartet als seine Brüder, nicht nur der Haarfarbe nach, auch im inneren Wesen. Das mußte er von seiner Mutter erhalten haben, die schwarzes Haar und dunkelgestirnte Augen besessen hatte. Hatte sie das als Erblaß aus langer Zeit von der kleinen Erdscholle drüben im See empfangen? Gehörte er zu einem Teil seines Blutes der gleichen Herkunft an wie sein nächtlicher Führer? Wie das bezwingend unbändige Weib, das ihm wider Willen die Sinne überwältigt und ihn ein Jahr lang unter ihrer Herrschaft gebunden hatte?

Er begriff es nicht. Ehe sie den Unterschlupf erreichten, fragte er Putulung:»Du mußt jenem Zwentebold gleichsehen, als sei er wiedererstanden. Wie kommt's, daß du ihm im Gemüt unähnlich geworden bist, als trügest du nichts von ihm in dir?«

Kurz zögerte Putulung:»Wenn ich's nicht in mir trage, so kommt's wohl daher, daß ich zu seinem Leib den Sinn Osilas empfangen habe und ein Zwiespältiger geworden bin, der nicht dem Blut meiner Vorväter mehr angehört und auch nicht dem Eures Volkes.«

Vom Schlaf geweckt, obwohl nur kurz, fühlte Adelhard sich gestärkt, und zusammen gingen sie zum Einbaum hinab.

Adelhard reichte Putulung die Hand:»Hab Dank, Putulung! Das ahnte mir nicht als Kind, daß wir dereinst eine Nacht beisammen verbringen würden. Vergib mir's, wenn ich dir im kindischen Unverstand Leid antat, wie's wohl manchmal geschehen. Könnt ich's dir einmal entgelten, würde

mich das froh machen.« Putulung stand zitternd von Kopf bis Fuß, der Sprache ohnmächtig.

Doch dann preßte er aus der Brust heraus: »Ihr habt mir nicht Leid angetan, denn ihr könnt's nicht, wie von der Sonne nicht Frost kommt. Nicht von Osila hab ich's empfangen, was in mir nicht gleich dem Hunnenwolf ist, von Euch, als Ihr ein Kind wart, und Ihr duldet mich bei Euch, und ich durfte tun, was Ihr wolltet und was Euch freute, daß Ihr lachtet. Und Ihr wuchset auf, wie das Bild Osilas vor mir stand aus meiner Mutter Mund, darum hieß ich Euch so. Ihr schuldet mir nicht Dank, aber lasset mich Euch entgelten, was Ihr mir getan.«

Er atmete tief durch. »Glaubt mir, Ihr könnt einen Hund gebrauchen auf dem Markwartstein, der wachsam ist bei Tag und Nacht, damit Euer Glück kein Unheil erfährt. Nehmt mich mit dorthin, und mich treffe der Tod, vor dem Ihr mich einstens bewahrt, wenn Ihr jemals sagen könnt, ich hätte Euer Haus nicht behütet.«

Adelhard tauschte schnell einen Blick mit Markwart, der nickte. »So komm mit uns, Putulung! Mein Bräutigam meint zwar, es ist eng auf Markwartstein, aber es wird noch Raum sein für einen Freund.«

Da fuhr ein Schrei aus seiner Kehle, fremdtönig und durchs Mark dringend, wie das Ufer von Herrenwörth ihn seit anderthalb Jahrhunderten nicht mehr vernommen hatte, und mit dem Sprung eines Wolfes schnellte der Hunnenhund sich in den Einbaum hinein.

19. »saelde«

m grauen Licht erreichten sie das Südufer des Chiemsees, durch-
querten versumpftes Moos am Seerand, gelangten in das tiefe
Tannendunkel des heutigen Buchberges.

Putulung schlich vorsichtig umheräugend voraus, doch es hielt
sich nirgends ein Meglinger Waffenknecht im Hinterhalt. Und
bald hielt Markwart seine schöne Braut hinter trotzigen Mauern
seiner Burg verborgen. Bald auch kam ein Gast von Högelwörth
herüber, der Markwart und Adelhard vor zahlreichen Zeugen zu Mann
und Frau machte. Freilich schützte ihn dies nicht vor dem Zorn des Pfalzgrafen auf Megling. So hielt Markwart wachsam seine Burg Tag und Nacht
vor einem Überfall gesichert. Doch diese Besorgnis erwies sich bald als unnötig.

Wie der Pfalzgraf Kuono Kunde von der Vermählung seiner Tochter
erhielt, nahm er von einem Unterfangen, sich ihrer zu bemächtigen und die
Ehe gewaltsam zu trennen, Abstand. Zwar flammte sein Zorn hoch, und
auf eine bittende Zuschrift Adelhards, ihr zu verzeihen, da sie nicht anders
handeln gekonnt, ließ er ihr eine Absage ausrichten, daß er sie nie mehr mit
Augen sehen wolle, ihr das väterliche Erbe entzogen und sie aus seinen
Gedanken ausgelöscht sei. Er war zu bitterlich in seinen stolzen Hoffnun-
gen und Entwürfen gekränkt worden, aber seine Tochter wußte, im
Innersten barg er doch eine unaustilgbare Liebe zu ihr, auf die er sich zu-
rückbesinnen würde, wenn die lodernde Heftigkeit seines ersten Grollens
verraucht wäre. Das erwartete sie mit Zuversicht, und wenn auch seine ge-
genwärtige Abkehrung von ihr noch einen Schatten bildete, der kühl von

der heimatlichen Burg im Norden auf sie herüberfiel, so konnte er doch die Wärme, den Glanz, die leuchtende Schönheit des Sonnentages, der sie umfloß, ihr nicht mindern.

Wie aus einem Märchen klingt das Glück herauf, das Adelhard und Markwart genossen, die Sänger und Dichter trugen die Kunde weitum im Lande. Sie verherrlichten die »saelde« der Vermählten und den tugendsamen Liebreiz »Vrouwen Adelhards« in ihren Liedern.

»Vrouwe« ist die Herrin, Gebieterin, edle Dame. »saelde« bezeichnet ein von höherer Macht gegebenes Glück, Wohlergehen, erfreuliches Ereignis, glückliche Anlage.

Klein und bescheiden lag die Burg auf ihrem felsigen Anstieg, dunkelumwaldet im noch wilden, einsamen Talschoß, doch die darin hausten, dachten nicht daran, nach Prunk und Reichtum von Megling, noch nach anderer Gesellschaft als ihrer eigenen zu begehren.

Wenn aber sie hinaustrachteten, an den See oder in die Weite hinauszureiten, wohin es sie gelüstete, so gefährdete sie der Unwille des Pfalzgrafen nicht. Stets, ob Markwart allein oder mit Adelhard ausritt, begleitete ihn Putulung, mit Schwert und Speer bewaffnet. Doch ohne vornehme Rüstung, wenngleich ihm der junge Burgherr eine ausgewählt hatte. Er trug nur die Rüstung des gemeinen Knechtes, Brust und Gliedmaßen geschützt. So hielt er sich, niemals fehlend, neben Markwart, so oft dieser

davonzog, bis die Zugbrücke sich wieder hinter den Heimkehrenden niederließ.

Auch zur Jagd begleitete Putulung seinen neuen Herren, als ein unbeirrbarer Künder und Deuter des erspürten Wildes, denn jeder Laut, den kein anderes Ohr vernommen, zog ihm lauschend und forschend den Kopf in die Richtung des leisesten Geräusches herum. Eines Tages, als Markwart mit seinem Geleit über Grabenstätt gegen Chieming ritt, begegnete ihm ein Reitertrupp. Seine Brüder von der Baumburg waren es. Sie beglückwünschten ihn zu seiner Vermählung und machten kein Hehl aus ihrer Schadenfreude, daß Markwart dem hochfahrenden Sippengenossen, dem Pfalzgrafen, damit einen tüchtigen Verdruß zugefügt habe. Doch er tauschte nur kurze Worte und gab Eile vor. Heimgekehrt umwölkte ihn eine Stirnfalte, so daß Adelhard ihn befragte, was ihn verdrossen habe. »Nichts,« antwortete er.

Burghof Markwartstein

20. Die vom Stein

An einem Oktoberfrühmorgen stieg Markwart alleine in die Berge hinauf. Heimlich hatte er die schlafende Adelhard verlassen, denn in der Nacht hatte ihre Stimme ihn geweckt und im Traum von einem zwölfendigen Hirschgeweih gesprochen, nach dem ihr der Wunsch stehe, um es mit Gold zu überziehen, wie sie ein solches als Kind auf Megling in ihrer Kammer gehabt hatte. Und lächelnd ging Markwart mit der Armbrust davon. Doch der Mittag kam, ohne daß er heimkehrte, und der Abend und die Nacht.

Da zogen sie mit Fackeln von der Burg hinaus, nach ihm zu suchen. Umsonst. Im anbrechenden Morgenlicht fand Putulung ihn auf. Nach Osten unter dem Fledermausberg stieg ein Waldkegel empor, von einem Fels gekrönt, dem die Umwohner drunten am See den Namen »Hohenstein« gegeben hatten. An seinem Fuße hatte ein Ausroder sich angesiedelt und ein ärmliches Gehöft erbaut, das Egerndach benannt war. Der glaubte, in der Frühe des vergangenen Tages einen Aufschrei gehört zu haben, und gesellte sich den Suchenden bei.

Sie drangen bis zum Gipfel unter dem Felsen, da stießen sie auf einen verendeten Hirsch mit zwölfzackigem Geweih. Und daneben lag Markwart, als ob er schlafe. Markwart aber war tot. Der Bolzen einer Armbrust hatte ihm den Oberkörper durchbohrt, drang mit der Eisenspitze am Rücken hervor. Und wie Putulung ihm das Wams öffnete, klaffte vorn noch eine andere, breite Wunde, die Brust des Toten war aufgeschnitten und ihr fehlte das Herz.

Als sie ihn in den Markwartstein hineintrugen, stieß Adelhard nur

einen einzigen Aufschrei aus: »Du hast ihn nicht behütet!« Dann fiel sie
selber wie leblos über der Leiche zusammen. Blutlos weiß aber wurde das
Gesicht Putulungs, als starrte unter seinem schwarzen Haar auch der Tod
hervor.

In der ersten Bestürzung glaubte man, Ausgesandte des Pfalzgrafen hätten den Mord ausgeführt. Nur einer dachte anders. Dann wurde Unglaubhaftes ruchbar, die Zwillinge vom Stein hätten sich der Tat gerühmt. Markwart sei der Geliebte ihrer Mutter gewesen und sie habe ihnen geboten, ihn zu töten, ihm das Herz auszuschneiden und ihr in die Höhle im Stein zu bringen.

Adelhard versöhnte sich binnen kurzem mit dem Vater, kaufte die Baumburg und wandelte sie in ein Nonnenkloster um. Dorthinein flüchtete sie aus der Welt, um ihr Leben darin zu enden. Dort ist sie auch begraben worden, und die Kirche birgt den Gruftstein mit ihrem Bildnis.

Eines Tages fand man Cadaloh und Zwentebold de Lapide, die Söhne der Petzin, zerschmettert drunten in der Traun. Sie lagen fast Leib an Leib, als seien sie nebeneinander vom Felsen gestürzt. Die Eisenluke zur Felsenburg stand offen. In der Felsenburg bot sich ein entsetzliches Bild. Offenbar hatte sich die Petzin, die Willibirg, mit dem Aufgebot aller Stärke gegen einen plötzlichen Überfall zur Wehr gesetzt. Die Kleidung war ihr in Stücken im Kampf herabgerissen. Sie lag in prachtvoller Nacktheit auf dem Lager der Felsennische hingestreckt, von Händen, die sich übergewaltig um ihre Kehle zusammengekrallt hatten, erwürgt. Damit losch das Geschlecht aus, das im Stein über der Traun gehaust hatte, und manches Jahr blieben seine Höhlen leer und verödet, bis sie neue Bewohner erhielten, die sich »vom Stain« benannten.

Auch die starben dahin und ein Zweig der »Törringe«, des uralten Chiemgaugeschlechts geriet in den Besitz der Burg. Doch verlor sie den Schrecken ihres Namens dadurch nicht, sondern erhöhte ihn eher noch mehr.

Denn die blutigste und grauenvollste Überlieferung von ihr heftet sich aus dem dreizehnten Jahrhundert an den Namen des Raubritters Heinrich de Törring, den der Volksmund »Heinz vom Stein« benannte.

Am Abend des Tages aber, der die Petzin mit ihren Jungen nicht mehr atmend liegen sah, zog für einen Blick droben vom Gipfel des Fledermausberges - den Hochgern hieß man ihn später, vermutlich den »Gehren«, den Keilförmigen - ein winziger Punkt über den Chiemsee.

Ein Einbaum wars, darin saß Putulung und ruderte über das schweigende, dämmernde Wasser. In der Mitte des Sees hielt er inne. Seine Hand griff an den Boden des Einbaums und hob etwas Schweres mit Mühe herauf. Und sein Arm zog danach Kreise um seinen Hals. Dann klatschte plötzlich das Wasser unter schwerem Sturz und der Einbaum war leer...

Die Wellen dehnten sich in Kreisen von der Stelle aus, an der Putulung verschwunden war.

Wie ein Fischotter hatte er oftmals in der Alz am Grunde geschwommen, und sein schwarzer Kopf mußte wieder aus der Tiefe auftauchen. Aber er kam nicht mehr herauf, denn wie ein Hund, den man ersäuft, weil er unwachsam und untreu gewesen, trug er an festem Strick ein großes Felsstück um den Hals geknotet, das ihn nicht wieder freigab.

Friedlich glättete die kurz bewegte, glimmernde Wasserstelle sich aus, und in ewiger, gleichmütiger Ruhe sahen die rotglühenden Felskronen der hohen Berge auf den Chiemsee herab.

II. Teil

heinz von stein
der wilde genannt

als Mädchenräuber und kühner Raubritter
nach dem Leben geschildert.

Bearbeitet und neu herausgegeben
von F.X. Forstey

1987©

Vorbemerkung

ie zweite große Volkssage, die sich um die Felsenburg in Stein an der Traun spannt, ist die Geschichte um den »wilden Heinz vom Steine«. 1781 wurde im kurfürstlichen Nationaltheater zu München das »vaterländische Schauspiel vom Hainz von Stein, dem Wilden« aufgeführt. Der Überlieferung nach soll es mehr Anstoß als Bewunderung hervorgerufen haben. Der Autor war ein Lorenz Hübner. Ein Jahr später brachte der Buchdrucker Johann Baptist Strobel eine gekürzte Fassung heraus. Verschiedentlich taucht die Geschichte vom wilden Hainz von Stein in bearbeiteten Fassungen auch des 19. Jahrhunderts auf. Im Sagenstein wird die Historie noch einmal etwas gekürzt vorgestellt.

Betrachtet man die historischen Hintergründe, so stößt man bald auf das realistische Gerippe, wonach zu der Zeit um 1190 bis 1220, in der der Heinz auf der Burg gehaust haben kann, das Raubrittertum noch nicht gang und gäbe war. Gleichwohl soll die Historie aus dem 18. Jahrhundert vorgestellt werden, schließlich interessieren sich viele Umwohner dafür, was in früheren Zeiten an Sagenstoff um die Burg Stein an der Traun erzählt wurde.

1.

An einem der schönen Gaue des bayerischen Oberlandes, in der wildromantischen Gegend von Trostberg, da liegt auf dem felsigen Bergrücken am rechten Traunufer die merkwürdige Burg Stein, von deren Hochschlosse man eine herrliche Aussicht auf das gar nicht weit entfernt liegende Hochgebirge genießt.

Dieses Schloß und die Hofmark Stein an der Traun, ehemals an der Grenze von Bayern und Salzburg gelegen, gehört nun zu dem königlichen Amtsgericht Trostberg in Oberbayern. Es ist 23 Postsäulen von München, 8 Stunden von Salzburg und 1 Stunde von Trostberg entfernt. Dort nun befinden sich zwei Schlösser, eines am Fuße des von der Traun bespülten Berges, das andere auf der Höhe des Berges selbst. In diesem Berge befindet sich im Inneren ein breiter Gang, der durch die Felsen gehauen, von dem unteren Schlosse zu dem alten sogenannten Hochschlosse führt. Überdies sind in dem Berge eine Menge von Kammern und Gemächern, nebst den sie verbindenden Gängen anzutreffen, welche ebenfalls in Stein gehauen sind und den aufmerksamen Wanderer in großes Staunen versetzen, das er kaum zu unterdrücken vermag, wenn er sich die Frage stellt, wie es möglich sei, diese riesenhafte Arbeit von Menschenhand auszuführen.

Auch ist in dem unteren Schlosse ein ausgetrockneter Brunnen zu sehen, der mit der tief unter ihm liegenden Traun in Verbindung stand, und von ihr sein Wasser erhalten hat, um zur Zeit der Belagerung mit diesem so notwendigen Lebensbedürfnisse hinreichend versehen zu sein. Das ganze ist noch so gut erhalten, daß wenige Schlösser Deutschlands

ihm gleichkommen mögen.

Jeder, der diese Felsengänge zu Stein gesehen hat, mag sich auch über die Zeit gewundert haben, in der man nur im Stande sein konnte, diese Felsen auszuhöhlen und die mehrere Stunden weiten Gänge herzustellen, und daher mit Recht auf ein hohes Alter geschlossen haben, denn es ist nicht möglich, daß dies alles durch einen Ritter, seien ihm auch noch so viele Arbeitskräfte zur Verfügung gestanden, vollendet worden sei.

Kann man sich auch heutigen Tages wegen Felseneinsturzes nicht ganz davon überzeugen, daß diese unterirdischen Gänge eine Verzweigung bis Trostberg oder bis Tengling, eine Entfernung von 4 Stunden, gehabt haben, so bleibt doch das, was noch gangbar ist, so großartig, daß es das Erstaunen jedes Besuchers erregen muß.

Die vielen römischen Ruinen, die man in der Umgegend und namentlich bei Tacherting an der Alz (eine Viertelstunde von Trostberg entfernt) entdeckte, bezeugen, daß sich die Römer einst hier niedergelassen haben. Die Nähe der Hauptniederlassung Salzburg bestärkt diese Annahme.

Dem Ortskundigen wird die in der Nähe von Tacherting, aber jenseits der Alz, auf einem Berge stehende Kirche, Heiligen Kreuz, auffallen. Deren Unterbau ist römischen Ursprungs. Hier stand zur Römerzeit einer der Wachtürme, die sich glichen wie ein Ei dem anderen. Der nächste Wachturm stand in Lindach, auch auf seinem Unterbau wurde später die Kirche errichtet.

Geht man an diesem, die Alz und weiter oben die Traun begrenzenden Berg weiter gegen Salzburg, so nimmt derselbe einen plötzlichen Vorsprung, der gehörig befestigt, den Zusammenfluß der Traun und Alz beschützt. Dieser Punkt ist nun das heutige Hochschloß Stein. Zwar ist aus diesem ehemaligen Römerkastell keine Kirche geworden, weil die größtenteils unterirdischen Hauptbaulichkeiten dazu nicht geeignet waren, aber die vorhandenen Ruinen sind eines Volkes, wie es die Römer waren, würdig.

Was die heidnischen Römer erbaut, das benützten die späteren christlichen Besitzer, indem sie die Kastelle zu Heiligen Kreuz und Lindach in Kirchen verwandelten. In Stein, dessen Felsengänge nicht zerstörbar waren und sich auch nicht in eine Kirche umwandeln ließen, benützte das nachfolgende Geschlecht, was die Römer zum Schutze der Umgebung gebaut hatten, zur Beraubung desselben. Doch gehen wir nun zu der Geschichte über, durch dessen Taten der Name des Schlosses Stein noch jetzt in schauerlichstem Andenken verbleibt.

2.

egen Anfang des dreizehnten Jahrhunderts gelangte Heinz von Stein, der Wilde genannt, in den alleinigen Besitz des Schlosses, und da seine Vorfahren schon übel in demselben gehaust hatten, besonders auf Kosten der Umgebung, die sie weidlich ausgeplündert hatten, so konnte man von ihrem Nachfolger nichts Besseres erwarten. Schon die Natur hatte seinen wilden und leidenschaftlichen Charakter in seinem Gesicht ausgeprägt, indem sie ihn mit zwei Eberzähnen begabte, die aus der unteren Kinnlade herausgewach-

sen waren, und die Oberlippe dergestalt bedeckten, daß sie seiner ohnehin unheimlichen Gesichtsgestalt einen unheimlichen Ausdruck verliehen.

Sein kolossaler Körperbau paßte ganz zu seinem Gesichte und das struppige und borstige Haupt- und Barthaar zeigte nur zu deutlich an, daß er kein Mann des Friedens sei, und die dunklen, schwarzen Augen, aus welchen ein zügelloses Leben hervorschimmerte, verbunden mit einem fürchterlichen Schnurrbart, worüber die Adlernase thronte, gaben seinem Antlitz die größte Ähnlichkeit mit einem blutgierigen Ungeheuer, das jeden zu verderben droht, der in dessen Nähe kommt.

Durch seine Räubereien und Plünderungen machte er die ganze Gegend noch unsicherer, als sie bisher schon war, und er nahm mit sich, was er bekommen konnte. Hatte er Gefangene, die über Reichtum verfügten, so erpreßte er durch Folterungen ein kaum erschwingliches Lösegeld für ihre Freiheit. Seine Nachbarschaft hatte natürlich am meisten durch ihn zu leiden, und namentlich empfanden dieses das Kloster Baumburg und Trostberg, das damals noch ein Maierhof war.

Ein Maierhof war ein größeres Gut im Besitz eines Lehensherren, der es selber nicht bewirtschaftete. Das oblag dem Maier, dem »major villae«, dem Vorsteher des Landhauses. Daher auch die Namensform »Maier«, die sich aus dieser Verwaltertätigkeit entwickelte.

Doch hatte er bei all seinen Raubzügen, die er sengend und brennend ausführte, sein Hauptaugenmerk auf schöne Mädchen gerichtet, und wo er

nur irgendeines ausfindigmachen konnte, mußte er es haben, um jeden Preis. Die aus verschiedenen Gegenden geraubten Mädchen hielt er zu seinem besonderen Ergötzen in einem eigens dazu eingerichteten Felsengemach der unteren Burg eingesperrt, und gefiel ihm eine nicht mehr, oder war sie durch ihr widerspenstiges Betragen bei ihm in Ungnade gefallen, so machte er kurzen Prozeß mit ihr. Entweder ließ er sie in einem engen, eigens dazu bestimmten Mauerkäfig einsperren, in dem sie sich nicht mehr rühren konnte und darin verhungerte, oder er ließ sie, je nach seiner blutgierigen Laune, auf der Altane (= Balkon) eines kleinen Turmes, den er überhaupt zu seiner allgemeinen Richtstätte auserkoren hatte, hinrichten. Im letzten Falle ergötzte er sich an den unschuldigen Opfern, indem er von dem benachbarten Turme, in welchen er sich besonders zu diesem Zwecke eine Öffnung brechen ließ, diesen blutigen Schauspielen mit Vergnügen zusah und sich noch an den leblosen Körpern der Jungfrauen ergötzte. Dieser Blutturm, von wildem Gesträuch bewachsen, ist noch sehr gut erhalten. Viele unglückliche Opfer haben darauf ihren letzten Seufzer ausgehaucht.

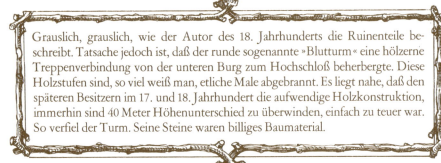

Grauslich, grauslich, wie der Autor des 18. Jahrhunderts die Ruinenteile beschreibt. Tatsache jedoch ist, daß der runde sogenannte »Blutturm« eine hölzerne Treppenverbindung von der unteren Burg zum Hochschloß beherbergte. Diese Holzstufen sind, so viel weiß man, etliche Male abgebrannt. Es liegt nahe, daß den späteren Besitzern im 17. und 18. Jahrhundert die aufwendige Holzkonstruktion, immerhin sind 40 Meter Höhenunterschied zu überwinden, einfach zu teuer war. So verfiel der Turm. Seine Steine waren billiges Baumaterial.

3.

ines schönen Tages kehrte nun Heinz vom Stein, der weit und breit gefürchtete Unhold, dem nichts mehr heilig war, nach glücklich vollendetem Raubzuge zu seiner unbezwingbaren Felsenfeste zurück.

Als ob der wilde Jäger durchs Land zöge oder sonst eine gespenstige Heerschar, so verließen die armen, guten Landleute beim Anblicke der zuchtlosen, aber ihrem gestrengen Herrn in blindem Gehorsame ergebenen Rotte, ihre Feldarbeit und flüchteten sich zitternd in ihre Hütten zurück, in denen es ärmlich aussah, denn der damals noch allmächtige, durch nichts eingeschränkte Adel ließ dem Bauersmanne kaum das zum Leben Unentbehrlichste.

In der Mitte des Zuges befanden sich zwei schöne blauäugige Mädchen, welche die Stein'schen in einer Fehde dem Freiherrn von Maxlrain abgejagt hatten. Sowie der Zug in der Nähe der Burg angelangt war, verkündete der Türmer aus der hohen Burgwarte durch sein mächtiges Horn die glückliche Ankunft seines Herren, und nun eilten die dem Zuge folgenden Rüden freudig wedelnd und bellend den Burgweg hinan, und es wieherten freudig die Streithengste dem heimischen Stalle entgegen und als die Zugbrücke heruntergelassen war, da widerhallten die Gewölbe und Kasematten von Schwerter- und Sporengeklirr, und die durstigen Kämpen erfrischten sich und ihre Pferde in dem kühlen Burghofe an dem Brunnen, der freigebig alle mit gutem Quellwasser erquickte. Ritter Heinz hob seine schönen Gefangenen selbst von den hohen Rossen, ließ ihnen die Banden abnehmen, welche ihre Flucht verhindert hatten, dann ließ er ihnen ein

95

Kämmerchen anweisen und befahl, sie auf's Sorgfältigste zu bedienen. Mit Schmeicheleien und zärtlichen Reden pflegte sich Ritter Heinz nicht viel abzugeben, er umfaßte kurz und gut jede der schönen und zartgebauten Jungfern mit seinen starken Armen, deren Kraft der stärkste Mann nicht zu widerstehen vermochte, und brachte jeder einen herzhaften Kuß bei, worauf er mit seiner ganzen wilden Schar ob ihres fruchtlosen Sträubens und ängstlichen Wesens in ein helles, lang anhaltendes Gelächter ausbrach.

In der Festung Stein aber waren die geraubten Täubchen nicht die einzigen ihrer Art. Ritter Heinz hatte deren eine hübsche Schar beisammen, die er aus Bayern, Tirol und Salzburg zusammengehascht hatte und hier zu seiner Kurzweil einsperrte. In den Angehörigen der geraubten Mädchen hatte er freilich ebensoviele Todfeinde, und selbst die Fürsten dieser Länder mit ihren Leuten und sonstigen Bewohnern der umliegenden Städte und Marktflecken lauerten ihm scharf auf's Leben. Wie aber der Geier auf unersteiglicher Felsspitze ruhig dem Treiben der Jäger zuschaut, so lachte der vom Stein in sicherer und unbezwingbarer Felsenburg über seine Verfolger, freute sich an jedem Überfall.

In dunkler Nacht zog er gleich dem Raubtier aus und sah ihn nicht das nächste Morgengrauen schon mit einer schweren Beute heimkehren, so verbarg er sich untertags im Waldesdunkel in Klüften und Felsschluchten, bis er seinen Zweck erreicht hatte.

Seine Reisigen wußten, daß für ihre Untaten Marter und schmählicher Tod von Henkershand auf sie wartete, wenn sie gefangen würden, und wehrten sich deshalb für die Freiheit und für ihr Leben, wie eine Bärin, wenn sie ihre Jungen verteidigt. Heinz selbst war ein Mann, der es immer

mit zehn anderen alleine aufnahm. Daher kam es, daß er sich vor einem Überfall nicht sonderlich fürchtete, während die Leute wie auch die Kriegsknechte der Fürsten nicht sonderlich erpicht darauf waren, auf ihn zu treffen.

4.

In der Nähe von Stein befand sich der Meierhof von Trostberg, woselbst der brave Hans Gravenecker wirtschaftete. Dieser besaß eine wunderschöne Tochter mit Namen Waltraud, welche schon längst dem Ritter Heinz wegen ihrer Schönheit gerühmt worden war. Diese liebte ihres Vaters Pflegesohn, Siegfried genannt, einen braven und herzhaften jungen Menschen. Schon mehrmals hatte es Heinz versucht, sie zu entführen, konnte aber auf heimliche Weise nicht zu seinem Ziel gelangen.

Er brütete Tag und Nacht an einem Plan, und als er einst in seinen Felsengängen umherirrte, da kam er auf den Gedanken, den nach Trostberg führenden unterirdischen Weg möglichst nahe an den Meierhof zu graben, ihr dann aufzulauern und sie dann auf demselben Wege zu entführen, damit niemand wisse, wohin sie gekommen sei.

Tag und Nacht ließ er seine ihm vertrauten Leute daran arbeiten und so wurde dieser Gang in kürzester Zeit bis an das jenseitige Alzufer vorangetrieben, wo derselbe in einem dichten Gebüsch ausmündete. Er selbst kam selten tagsüber zum Vorschein, besuchte nur flüchtig seine Mädchenkäfige und seine Untergebenen wunderten sich über sein Verhalten.

Heinz lauerte fortwährend auf eine günstige Gelegenheit. Diese ließ auch nicht lange auf sich warten, denn als eines Morgens Waltraud mit einer Freundin sich am Alzufer aufhielt, ergriff sie der Heinz und trug sie fort. Der Gravenecker stürzte auf des Mädchens Geschrei herbei, sah und hörte aber von seiner geliebten Tochter nichts mehr, sondern mußte zu seinem Entsetzen von dem Raub durch Heinzens Hände vernehmen.

Siegfried war bei dieser Kunde fast untröstlich, und er schwor, nicht eher zu ruhen, bis er seine Waltraud aus den Klauen dieses Ungeheuers würde gerettet haben. Diese war trotz Gegenwehr von Heinz auf die Burg in ein besonderes Gemach gebracht worden. Dort saß sie nun und dachte weinend an ihren Vater und an ihren geliebten, blondlockigen Siegfried.

Da klopfte es an ihrer Tür, sie erschrak, die schweren Riegel wurden zurückgeschoben und hereintrat Kunz, der Lieblingsknecht des Ritters, mit der freundlichsten Miene, die er seinem bärtigen, mit vielen Wundmalen bedecktem Anlitze abgewinnen konnte. Er brachte das Frühstück und kündete den Besuch seines Gebieters an. Das erste verschmähte Waltraud, ob des zweiten fiel sie in Ohnmacht. Da trat der Ritter Heinz herein, schickte den Kunz hinweg. Unter seinen Küssen und Liebkosungen erwachte das schöne Mädchen. Kaum war sie jedoch bei Bewußtsein und hatte ihn erkannt, so stieß sie ihn von sich: »Du sollst mich umbringen, aber nicht küssen!«

»Nicht doch, nicht doch,« versuchte Heinz sie zu beruhigen, »du tobst ja zu ärgerlich, Mädchen, als wenn du unter Menschenfressern wohntest, die ihren Rachen nach dir öffnen und dich zu verschlingen drohten. Waltraudchen, schau lieblich, Heinz ist kein Menschenfresser, kein Ungeheuer, das dir Leides antun will.«

»Ärger als Menschenfresser und Ungeheuer! Ein Straßenräuber!«

»Mädchen, dieses Wort könnte dir den Kopf kosten, wenn ich dich nicht aufrichtig liebte, denn dein schönes Auge bewirkt Verzeihung. Bin ich nicht einer der vornehmsten Ritter, die deutscher Boden trägt? Sind meine Fehden nicht gerecht, die ich nur zu meinem Vergnügen führe, welche mir München und Salzburg mit ihren neidischen Sklaven miß-

gönnen? Mädchen, ihr seid der Zankapfel zwischen mir und diesem neidischen Volke ringsumher.«

»Die du entehren, ihres Vaterlandes unwürdig machen willst! Ist das schön, ist das ritterlich,« entgegnete die tapfere Waltraud.

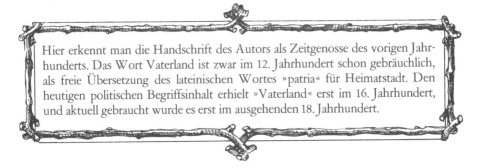

Hier erkennt man die Handschrift des Autors als Zeitgenosse des vorigen Jahrhunderts. Das Wort Vaterland ist zwar im 12. Jahrhundert schon gebräuchlich, als freie Übersetzung des lateinischen Wortes »patria« für Heimatstadt. Den heutigen politischen Begriffsinhalt erhielt »Vaterland« erst im 16. Jahrhundert, und aktuell gebraucht wurde es erst im ausgehenden 18. Jahrhundert.

Ruhig erwiderte Heinz: »Ritterlich ist, was durch die Faust zum Recht wird. Ritter kennen keine Gesetze als die des Herzens. Oder hat die Natur Gesetze, die unserem Herzen an schönen Mädchen Grenzen setzen?«

»Das Vaterland hat Gesetze, die dir heilig sein müssen! Schone die ehrsamen Mädchen und spotte ihrer nicht! Kennst du dieses Gebot?«

Heinz brauste auf: »Ich kenne diese Gesetze des Wahnsinns, von albernen Greisen entworfen und von Kahlköpfen gepredigt, welche Schnee in den Adern und Eis in den Lenden haben, Halbmenschen und Zwerge des Menschengeschlechts!«

»Du sprichst die wilde Sprache des Lasters,« sagte Waltraud.

»Ich spreche die Sprache meines Herzens,« und schmeichelnd fortfahrend: »Doch wozu soll der Wortkampf mit einem schönen Mädchen

Das Wort Grenze kann Heinz vom Stein noch gar nicht gekannt haben, denn es wurde nach seiner Lebenszeit in den östlichen Kolonisationsgebieten von den Westslawen als »grenize« übernommen. Erst allmählich breitete sich das Wort aus, bis es im 15. Jahrhundert das alte Wort »Mark« für einen Grenzbereich zu ersetzen beginnt.

Spitzfindigkeiten!

führen, das nur aufblicken darf, um selbst Felsenherzen zu schmelzen. Waltraud! Habe ich nichts zu hoffen, gar nichts?«

Sie stieß ihn von sich: »Gottloser, wie kannst du hoffen, du hast Macht über mein Leben, nicht aber über mein Herz. Zurück, du Abscheu meiner Augen, du Greuel der Welt!«

»Waltraud, unerbittlich?« und er wandte sich zur Tür. »Sie ist ein Mädchen, man muß sie austoben lassen,« sagte er zu sich, »ich bin diese Auftritte schon gewöhnt.«

Er verließ das Gemach und verschloß es.

»Das Ding hat mächtig Feuer,« sprach er draußen zu dem wartenden Kunz. »Sie ist ein Feuerstein aus Trostbergs Steinbrüchen. Aber nicht wahr, sie war doch schon so manche Nachtwache wert.«

»Herr, das war sie,« entgegnete Kunz, der Waffenknecht, »aber sie wird es Euch heiß machen, ehe Ihr sie ins Garn bekommt. Das Mädchen hat Mut für zehn, und hält auf den Jungfernstand wie eine Bildsäule. Ich wünsch Euch Glück, aber auch Geduld, mehr als ein Waffenknecht braucht. Und dann, glaubt Ihr, werden die zu Trostberg gleichgültig sein?«

»Laß sie nur anrennen mit Spieß und Schwert, das bangt mich wenig. Ich fürchte nicht das Waffengeklirr, meine Lanze trifft sicher, und mein Schwert fällt mächtig durch des Körpers Mitte, das haben ihrer dreißig schwer empfunden. - Waltraud, sagst du, sei unbeweglich?«

Kunz nickte: »Werdet's sehen, Herr, unbeweglich wie Eure Felsenburg. Ich bin ein alter Kerl und habe diese Geschichten schon vielfach selbst erprobt. Es gibt Mädchen, Herr, in diesem trotzigen Lande, die sich Jungfern nennen und nur einem einzigen Burschen gut und treu, dabei aber so trotzig sind wie Bärenbräute.«

»Weibliche Feinheiten,« brummte Heinz, »um die Schande der Einwilligung von sich zu schieben.«

»Mein Herr, jungfräuliche Ziererei ist im Bayernlande wahrer Ernst. Ihr habt noch keine Gelegenheit gehabt, eine solche Jungfer kennenzulernen, wie ich sehe. Dieses Geziefer ist wild und unbändig wie ein angeschossener Eber. Seht diese Narbe hier! Das war eine Wunde, die mir so ein unwirsches Ding in München versetzt hat, als ich sie meiner Liebe zuführen wollte. Ritsch, war sie mit dem Messer bei der Hand, und ehe ich's mich versah, stak es tief in meinem Arm. Ihr werdet die Waltraud eher töten, Herr, als sie zähmen!«

Eine Verbeugung vor den heimischen Lesern! Wenn man bedenkt, daß vor etwa hundert Jahren im bayerischen Land das Haberfeldtreiben einem Höhepunkt zustrebte, so kann es mit der beschriebenen Sittsamkeit nicht gar so weit her gewesen sein. Das Haberfeldtreiben war eine Strafaktion gegen Mädchen und Burschen, Frauen und Männer, die sich nicht so ganz in den allgemeinen Lebensrhythmus einfügten.

Und wenn der Autor das Moralverhalten der einfachen Bevölkerung während des hohen Mittelalters kennzeichnen wollte, so tat er dies in der vorliegenden Form romantisch überhöhend. Die Sitten im Mittelalter waren alles andere als gefestigt und entsprachen in keiner Weise den Moralvorstellungen der Kirche.

5.

u toller Kerl, wie wenn du um meine Siege nicht wüßtest. Gehe den geheimen Felsengang entlang, begib dich zur Klausnerei, wohin sich mein närrischer Burgpfaff zurückgezogen hat. Melde ihm, heute Abend würde ich ihn besuchen. Er möge das Liebestränklein bereithalten, das er öfters schon zusammengepfuscht!« Kunz macht sich auf den Weg. Unter dem eisgrauen Schädel des Burgpfaffen, der auch Traumausleger und Sterndeuter des Heinz war, mochte so manches Geheimnis stecken, das bei den Dirnen Eingang verschaffen konnte. Der alte Klausner war noch aus den Zeiten vor Heinz in seiner Klause. Seine Behausung glich mehr einem Adlernest als einem menschlichen Aufenthalt. Da er die Heilkräfte der Natur, sowie auch viele Pflanzen mit ihren guten und bösen Eigenschaften kannte, so versah er in der Burg die Stelle eines Arztes, verband die Verwundeten und gab den Fieberkranken heilsame Tränkchen ein. Er wurde auch immer als Wahrsager vor allen Unternehmungen um Rat gefragt, und sein Ausspruch wurde stets auf das Genaueste befolgt.

Nun aber hatte er sich seit einiger Zeit wegen der argen Umtriebe des Heinz zurückgezogen und verabscheute den Burgherrn. Als Kunz ihm Heinzens Wunsch überbrachte, meinte er, Heinz würde umsonst erscheinen, er würde dem ruchlosen Leben Heinzens nicht mehr mit solchen Mitteln an die Hand gehen.

Kaum hatte Kunz seinem Herrn diese Entgegnung überbracht, als dieser auch schon, gleich einem wütenden Eber herangeschossen kam und in die Klause stürzte.

Heinz befahl dem Burgpfaffen, den verlangten Liebestrank herbeizuschaffen. Doch der entgegnete mit fester Stimme, daß er lieber sterben würde, als sich zu solch unerlaubten Mitteln in Zukunft gebrauchen zu lassen. »Nun, so stirb denn, alter Heuchler,« brüllte Heinz, stieß ihm einen langen Dolch in das Herz, so daß der Klausner leblos zu Boden sank. Heinz stieß das blutige Schlachtopfer seiner tierischen Mordlust zur Klause hinaus und stürzte die Leiche über die Felswand hinunter, daß sie unten zerschmettert den Raben zum Fraße liege.

Einige Tage verstrichen, mehrere Abenteuer waren mit Glück und gewohnter Kühnheit unternommen worden, nur bei Waltraud wurde des Ritters Kühnheit nicht mit Glück gekrönt.

Seine Liebe, seine Leidenschaft nahm mit jedem Tage zu, ihre Abneigung und Gleichgültigkeit blieb. Es kam so weit, daß er nicht mehr an den Raubzügen teilnahm. So saß er denn eines Tages müßig und unwirsch in der Halle, Schild und Speer hingen verwaist an der Wand. Ohne hineinzublicken, hielt er das alte Heldenbuch voll der schönsten Geschichten und Sagen vor sich aufgeschlagen, unberührt leuchtete das Gold des lieblich duftenden Rheinweines in dem vor ihm stehenden Humpens.

Rheinwein wird es keiner gewesen sein, dagegen sprechen zu viele Umstände. Wer sich jedoch über die tatsächlichen Hintergründe, Lebensgewohnheiten und -umstände der Zeit des Hohen Mittelalters informieren möchte, dem sei das Büchlein »Lausige Zeiten, grausige Zeiten« aus dem nämlichen Verlage empfohlen.

Da kehrte ein Zug seiner Knechte von einem Fange heim und sein Knappe Ulrich führte einen jungen, hübschen Burschen vor ihn hin: »Gnädiger Herr! Ich bringe hier einen Burschen, der Haare auf den Zähnen hat, und eine Faust so stark wie eine Bärentatze. Er will in Eure Dienste treten, wenn Ihr ihn würdig findet!«

»Wo kommst du her, Junge, und wer bist du,« fragte Heinz den Neuankömmling.

»Ich bin aus Frankens Gauen gebürtig,« antwortete der Fremde, »aber seit meinem zwölften Jahre keine Stunde hinterm Ofen gesessen, ich nenne mich Gottfried Gebsattel. Mein Vater war unter Hansen von Grumbach 30 Jahre Reitknecht gewesen, und meine Mutter gebar mich unter freiem Himmel im Dickicht bei Limbach. Von Kind an war ich an wildes Gerassel und Klingklang der Schwerter und Spieße gewöhnt und trug schon als Fünfjähriger meinem Vater die Stechstange nach. Als ich zwölf war, ward mein Vater im Herrendienst totgeschlagen, und ich gesellte mich feurigen Jungen zu. Seitdem war ich auf vielen Ritten als Reitknapp, hatte auch als Reisiger gedient bei Grafen und Herren wie Euch. Ich bin nun 24 Jahre alt und haue Visiere und Kürasse bis auf den Krebs durch, und wenn ich in Feuer und Wut komme, so wüte ich wie ein Hauer unter der Jagdmeute.

Der Krebs war der untere Teil der Leibesrüstung, wurde auch als Beintasche bezeichnet. Der Krebs schützte die Vorderseite des Oberschenkels. »Bis auf den Krebs durchhauen« hieß also, den Feind mit einem Hieb mittenzwei zu hauen.

Auf meinen Mut könnt Ihr Euch verlassen, Herr. Bin ich Euch gut, so sprecht - aber wissen muß ich es gleich - oder ich gehe zu Eurem Widerpart.«

Heinz hatte Gefallen an dem jungen Kerl gefunden und bot ihm seine Hand, hieß ihn sich aus seiner Waffenkammer zu bewaffnen.

Dann aber begab Heinz sich unruhigen Blutes zur alten Eva, seiner ersten Jugendgeliebten, die er als erste geraubt.

Er betrat ihr Gemach: »Ich bedarf deiner Hilfe mehr als jemals,« rief er, »du weißt, Waffen und Mädchen waren stets meine abwechselnden Geschäfte. Du selber warst nachsichtig gegen mich, und da ich nicht zu ändern war, halfest du mir getreulich, manches stutzige Mädchenherz zu erweichen.«

Eva: »Der Himmel mag's mir vergeben. Ich habe an Guttaten gegen Fremde meine Ruhe geopfert. Sünden wider mich und den Himmel.«

Das wollte Heinz nicht hören. Sünden gehörten jetzt nicht zur Sache. Er hätte wochenlang am Alzufer gelauert, Tag und Nacht, bis er endlich die leidenschaftlich begehrte Waltraud erhaschte. Nun sollte die alte Eva die Waltraud überreden, sich dem Heinz zu ergeben.

»Hast du je eine Fehlbitte getan, Heinz? Deine Eva ist dir noch gut, wilder Mann, obgleich du treulos bist, und ihrer nur dann gedenkst, wenn sie dir einen Dienst erweisen soll. Ich will sehen und versuchen, was sich tun läßt. Ich folge dir sogleich.«

6.

m Burghof saßen Heinzens Knechte bei einem Fasse Wein, das eigentlich nicht ihnen, sondern den Klosterherren von Attl bestimmt gewesen, das sie aber von der Beute eines auf dem Innstrome weggenommenen Kaufschiffes für sich als Anteil erhalten hatten. Sie sangen ein mutiges Lied von Kampf und Liebe, als plötzlich des Türmers Horn erscholl, aber nicht in freundlich grüßenden Tönen, sondern in drohender, zum Kampf auffordernder Weise.

Aufspringend griffen die Männer zu den Waffen, auch Heinz fand sich in ihrer Mitte ein, ließ sich den Panzer umschnallen, hing sein gutes Schwert um, nahm Helm, Schild und Stechstange von der Wand. »Das sind die Trostberger, die Maxlrainer,« riefen die Knechte durcheinander.

»Glaub gar,« hohnlächelte Ritter Heinz, »sie wollen es mit uns wagen, die Tollköpfe! Wollen sich mit Heinzens Reitersleuten messen, deren einer mehr wert ist als ihrer zwanzig zusammen.«

Nochmals und stärker schallte der Hornruf, nun aber waren Ritter und Knechte bereits gerüstet, bestiegen die gewaltigen Streithengste, Fallgitter und Tore flogen auf, die gewaltige Zugbrücke rasselte herab und hinaus gings mit wildem, kampfeslustigen Jubel ins Freie. Nur der Neuangeworbene, welcher sich Gebsattel genannt, mußte auf Heinzens Anordnung daheim bleiben, um die Gefangenen zu bewachen.

Indessen hatte sich Eva zu Waltraud begeben und versucht, sie Heinzens Wünschen geneigt zu machen.

Waltraud fauchte sie an: »Ist das ein Auftrag, womit du deine alten

Knochen beschweren willst? Gottloses Weib, daß du deine grauen Haare noch mit Schande beflecken und deiner armen Seele noch eine neue Staffel hinab in die Hölle bauen willst! Pfui, du bist ein Greuel in meinen Augen!«

»Zürne nicht, Mädchen, Eva ist deine Freundin und liebt dich, wird dir nichts Böses raten, du stemmst dich vergebens wider den Strom und lärmst in den Wind, der keine Ohren hat. Bist du nicht ganz in seinen Händen? Hat er nicht Macht, das mit Gewalt dir zu entreißen, was du ihm mit gebundenen Händen entziehen willst?«

»Das kann er tun, aber nicht anders als mit meinem Leben wird er den Leib lieben können, den er entseelt. Mein Tod soll die Frucht seiner mißbrauchten Gewalt sein. Dieses Herz, Weib, schlägt längst für einen anderen. Es brennt für meinen Siegfried, den schönsten des Männergeschlechtes. Und wo dieser reine Jüngling wohnt, darf kein Ungeheuer hausen.«

Und dann erzählte sie der Eva die Geschichte des Siegfrieds, der als Pflegesohn des Graveneckers aufgezogen ward, und zu dem sie sich von Kindheit an hingezogen und versprochen fühlte. Der Gravenecker habe das mit Wohlgefallen gesehen. Mit zwölf Jahren wäre Siegfried in Herrendienst gegeben worden. Und just am selbigen Abend sei er heimgekehrt, der Siegfried. Sie seien sich in den Armen gelegen, und jeder seiner Küsse war ein Schwur, womit er seine Treue besiegelte.

»Oh, wäre mir die Morgensonne am Tage danach nicht aufgegangen,« rief Waltraud schmerzerfüllt aus, »Gott! Ein schwarzer, entsetzlicher Morgen, der Morgen meiner Entführung! Entsetzen und Schmerz machten mich sinnlos, und als ich erwachte, da befand ich mich in einer Räuberhöhle unter den rohen Händen von Mördern und Raubgesindel, ohne Mitleid und Barmherzigkeit!«

»Du treibst mir die Tränen ins Auge, Kind,« stammelte die alte Eva, »ein Stein müßte weinen, wenn er Tränen hätte. Vergib mir, tugendsames Mädchen, wenn ich dich mit meinem Ansinnen verärgerte. Ich bin die Sklavin eines harten Schicksals, von Kindesbeinen an, die nun ohne Zuflucht von der Güte eines Gottlosen, den ihr Herz längst verabscheut, noch kümmerlich Atem zieht.«

Während sie also zusammen sprachen, trat der sogenannte Gebsattel, Heinzens neuangeworbener Reitknecht in die Stube.

»Er ist's,« rief Waltraud jubelnd aus, »er ist's, o mein Geliebter!«

»Meine Waltraud, meine Geliebte, muß ich dich hier wiedersehen!«

Waltraud war außer sich vor Freude und die alte Eva bewunderte den starken Jüngling. Sie versicherte die Liebenden ihrer Hilfe und begab sich in ihr Gemach hinab.

Siegfried berichtete Waltraud in kurzen Worten, wie er sich in Heinzens Burg eingeschlichen hatte und daß draußen neben den Trostbergern und Maxlrainern auch Waffenknechte von Salzburg und des Bayernherzogs versteckt lägen.

»Doch, wie steht's mit dir, Mädchen? Hat man dich noch mit keinem gottlosen Antrag geärgert?« fragte Siegfried.

»Konntest du das denken, Siegfried! Nachdem deine Waltraud dem geilsten Höllenhund zum Raub geworden ist? Es ist geschehen, Siegfried. Mit schrecklichster Zudringlichkeit geschehen! Ich aber war entschlossen, kämpfend zu sterben.«

»Dank dir, Mädchen, für diese Heldenstärke.«

»Du gibst mir das Leben wieder, bester Jüngling! Der Himmel leite deine Schritte. Der Tod, Siegfried, ist das Los deiner Waltraud, wenn es

fehlschlägt.«

»Es wird, es kann nicht fehlschlagen, Liebste. Es ist der Wink des Himmels, der uns zu Werkzeugen seiner strafenden Gerechtigkeit macht.«

Siegfried begab sich in den Hof. Dort traf er auf einen alten Mann, Stanzer geheißen, der früher der Leibdiener des Ritters Heinzens gewesen war. Stanzer befragte den Siegfried, wie er sich in den Dienst des Heinz begeben hätte, und als jener antwortete, er wäre freiwillig dem Gesindel des Ritters beigetreten, da schüttelte der alte Stanzer den Kopf. Er könne nicht verstehen, wie man sich in die Hände eines solchen Tyrannen begeben könne. Alle, die in der Burg hausten, seien entweder dem Galgen oder sonst einer schweren Strafe entlaufen und hätten gewiß eine Ursach gehabt, sich der strafenden Gerechtigkeit zu entziehen. So müsse es wohl auch um ihn bestellt sein.

Da zog Siegfried den alten Stanzer, dessen Rede ihm Vertrauen einflößte, an einen stillen Ort und eröffnete ihm, daß er des Graveneckers Pflegesohn sei, gekommen, dessen Tochter, die Waltraud aus den Händern des verruchten Heinzen zu befreien.

»Vom Hans Gravenecker von Trostberg?« rief der alte Stanzer, küß mich, lieber Junge! Vor 24 Jahren lagst du, zwei Spannen lang, in diesen Armen. Elternlos übergab man dich mir und ich trug dich zum Gravenecker, der dich mitleidig aufnahm und an Kindesstatt setzte. Ich habe eine große Wohltat an dir getan, Junge. Bist mir vielen Dank schuldig. Gott, wie wenig hat er von seinem Vater!«

Siegfried stutzte, zu unerhört klang diese Rede. »Ich danke dir von ganzer Seele, lieber Alter. Sag aber auch, wer sind denn meine Eltern?«

»Die kann ich dir nicht nennen. Die Hand eines Mörders übergab dich

mir, daß ich dich hinaus auf die Straße legen und dem Uhngefähr preis-
geben sollte. Ich aber hatte Mitleid mit dir, mit deiner Unschuld und
trug dich nach Trostberg.«

Und auf Siegfrieds Frage, was der Stanzer als sein Wohltäter denn in
diesen schlimmen Gemäuern des Raubritters treibe, hub jener zu jammern
an und fluchte seinem Dasein, das ihn in Heinzens Hand geführt hatte.
Seit 32 Jahren wohne er nun schon hier. Und er sei schon auf der Burg
gewesen, als der Heinz in das Land gekommen war und mit dem Hansen
von Walzdorf einen Streit angefangen hätte. Nunmehr lebte er in einer
Felsenkammer von dem, was ihm die Knechte von den Raubzügen über-
ließen und er müsse häufig hungern und darben. »Man bewacht mich
sorgfältig und erlaubt mir keinen Schritt vor die Burg hinaus.«

»Du dauerst mich, guter Greis,« sagte Siegfried. »Doch die Vorsehung
leitet dich in meine Hände. Siehe, der Heinz ist gegen einen Trupp seiner
Feinde ausgezogen, an deren Spitze vermutlich mein lieber Pflegevater
sich befindet. Er wird vor einer Stunde nicht wiederkehren. Kriegsknechte
lauern draußen im Hinterhalte und werden noch vor Abend diesem Felsen
einen fürchterlichen Besuch abstatten. Versprichst du mir deinen Bei-
stand?«

»So viel ein schwacher, abgehärmter Greis leisten kann.«

»Nun, so höre,« entwickelte Siegfried seinen Plan. »Diese Felsenburg
wird bei der Abenddämmerung mit der Fallbrücke abgeschlossen und von
niemandem, als von Heinz, dir und der alten Eva und den Gefangenen
bewohnt. Der Troß ist am Eingang des Burghofes in die Baracken verteilt,
wo die beiden Warten stehen. Dein Geschäft soll sein, wenn sich Lärm
und Auflauf im Burghofe vernehmen lassen, die Zugbrücke abzulassen

und dem Haufen, den ich heranführen werde, den Einzug zu öffnen.
Heinz gerät in unsere Hände: Meine Waltraud, mein Vaterland und du -
ihr alle seid auf immer von diesem blutrünstigen Ungeheuer befreit.«

»Der Himmel sende Kraft in deinen Arm und segne dein Vorhaben.
Ich will mich zu meiner Befreiung geschickt machen und diesen Augen-
blick mit Sehnsucht erwarten. Welch ein Trost, noch am Rande meines
Lebens wieder einmal unter Menschen wohnen zu können. Also bis zur
Abenddämmerung.«

Langsam schlich ein dem Heinz höriger Knecht herbei, Siegfried brach
seine Rede ab und Stanzer entfernte sich stillschweigend. Siegfried trällerte
ein Lied vor sich hin und ging auf seinen angewiesenen Posten.

7.

iegjubelnd kehrte Heinz von Stein mit seinen Kampfgenossen zurück. Sie hatten einen aus ihrer Schar verloren, dessen Leiche sie mit sich führten. Ihr Schmerz über diesen Verlust wurde aber bei Weitem durch die Lust an der gemachten Beute überwogen und den Gefangenen, unter denen sich der Gravenecker, der alte Meier von Trostberg, befand.

»Du dauerst mich, guter Bursche,« sprach Heinz, zu der Leiche gewandt, »daß dir die Hasenjagd dein Leben kosten mußte. Hast mir gute Dienste getan. Hier sollst du begraben werden, tapferer Junge! Wo keine Memme eine Hand breit Erde füllt, da sollst du, tapferer Haudegen ruhen! Auf, meine Reisigen, versenkt den Körper dieses Braven in unseren Leuchtturm.«

Reisige: Das Wort »Reise« bezeichnete im Mittelalter eine kriegerische Unternehmung. Wer also auf einen Kriegszug ging, war ein Reisiger. Für die »Reise« im modernen Sinne gebrauchte man das Wort »Fahrt«, wobei auch ein Fußmarsch als »Fahrt« bezeichnet wurde.

Der alte gefangene Meier von Trostberg sollte dem Ritter Heinz dazu dienen, ihm Waltrauds Einwilligung zu erzwingen, indem er ihres Vaters Leben zur unverwerflichen Bedingung, zum Preise ihrer Liebe machen wollte.

Als Waltraud vom Schicksal ihres Vaters erfuhr, war sie ganz außer sich. Man hatte genug mit ihr zu tun, daß sie sich kein Leides antat. Ritter Heinz wollte sie besänftigen, doch sie stieß ihn mit Verachtung zurück, so daß dieser zähneknirschend nach dem Schwerte griff, sie niederzustoßen. Doch plötzlich ermannte er sich wieder und indem er ihr schrecklich drohte, im wiederholten Falle sie in der Folterkammer zahm zu machen, ergriff er die Türe und entfernte sich, auf's Höchste aufgebracht.

Kunz und Neidhart, die ihm unterwegs in die Hände liefen, sahen die zornige Miene Heinzens und merkten gleich, daß sein Besuch bei der Waltraud nichts gefruchtet hatte, deshalb rieten sie ihm, er solle sich dieses Mädchen lieber vom Halse schaffen, da er bei derselben wohl schwerlich zum Ziele gelangen würde. Am besten würde er handeln, wenn er sie wieder mitsamt ihrem Vater in Freiheit setzen würde, denn die Nachbarn aus der Umgegend und namentlich die Trostberger würden sich schrecklich rächen und es sei doch am besten, wenigstens mit den nächsten Nachbarn in Frieden zu leben.

Heinz fluchte schrecklich über diesen Sermon (= Gerede) seiner Knechte, schalt sie dumme Memmen und schlug Kunzen mit seinem ledernen Handschuh dermaßen ins Gesicht, daß ihm Hören und Sehen verging. Beide ergriffen die Flucht vor ihrem erbosten Herren, schwuren ihm jedoch innerliche Rache für diesen bitteren Schimpf, den er ihnen in Gegenwart mehrerer ihrer Kampfgenossen angetan hatte.

Auf dem Weg zu ihrem Gemache trafen sie Siegfried, der ihnen in den Weg trat und beide zu dem alten Stanzer führte, welchem sie ihre eben erlittene Behandlung mitteilten. Dieser erkannte sogleich ihre empörte Sinnesart über Ritter Heinzen und nach einer kurzen Einleitung teilte er

ihnen unumwunden Siegfrieds Plan mit und wie zugleich ein Trupp bayerischer Kriegsknechte und Salzburger Panzerreiter draußen in dem Walde links hinüber sich verborgen hielten, um gegen Abend mit vereinten Kräften einen schrecklichen Überfall zu machen.

Siegfried gab ihnen die Anweisung, auf ein verabredetes Zeichen die äußere Falltüre zu öffnen, nachdem sie die Wächter dort überwältigt hätten, worauf Siegfried mit den Kriegsknechten hereinströmen würde, unter die die beiden sich mit gezogenem Schwerte mischen sollten. Der Stanzer würde die innere Falltür öffnen, so daß der boshafte Heinz überrascht werden würde, und er sogleich mit Eisen und Banden in Fesseln gelegt werden würde.

»Der Plan ist nicht zu verwerfen,« meinte Neidhard, der Knecht, »aber wie werden wir beide da im Waffengetümmel bei der Dämmerung, von den hereindringenden Kriegsknechten ungekannt, unser Leben retten können?«

»Auch dafür ist gesorgt,« erwiderte Siegfried, »diese Reiherbüsche hier steckt auf eure Helme, wenn's Lärm gibt. Das ist das Zeichen, das Freunde von Feinden unterscheiden soll. Ich erwarte alles von euch. Freiheit ist euer Lohn. Nun geht und zerstreut euch unter die übrigen Knechte, daß man unsere Verschwörung nicht entdeckt. Bei Anbruch des Abends, beim ersten Waffengetöse außerhalb der Fallbrücke - Siegfried und Waltraud unsere Losung!«

Indessen saß der alte Gravenecker einsam im Gefängnis. »Noch nichts von meinem Siegfried,« seufzte er, »keinen Blick von meiner geliebten Waltraud. Mittags war's, als ich hier eingebracht wurde. Nun kann's nicht mehr ferne sein, daß Hilfe diesen Jammerort erreicht.

Meine Waltraud! Welche Qualen verursachst du nicht deinem Vater! Wäre so sanft, so ruhig an deinem Busen entschlummert, wenn die Hölle und dein grausames Schicksal mir diesen letzten seligen Augenblick meines Lebens gegönnt hätten.«

Unterdessen Siegfrieds Pflegevater also jammerte, hatte sich Ersterer vom Gefängniswärter die Erlaubnis zu verschaffen gewußt, dem Gravenecker die spärliche Kost überbringen zu dürfen, wodurch ihm Gelegenheit geboten war, denselben von dem glücklichen Gang der Sache in Kenntnis zu setzen. Kaum eingetreten, lag er in den Armen Graveneckers.

Nun erzählte er ihm, wie er das Vertrauen des Heinz gewonnen habe und bat ihn aufs dringendste, sich nur diesmal zu verstellen und Waltraud scheinbar zusprechen zu wollen, damit er nicht durch heftige Reden den ganzen Plan verderbe.

»Waltraud wird in wenigen Augenblicken bei dir sein und zwar in Begleitung des gottlosen Heinz. Sie hat sich durch die Zusage, auf Heinzens lasterhaftes Ansinnen, auf deine Einwilligung in die schrecklichste Klemme gebracht.«

»Gerechter Himmel!« stöhnte Gravenecker,« ihre Zusage auf meine Einwilligung! Wie konnte sie das?«

»Sei nicht vorlaut wider dein würdiges Kind, es ist ja nur Verstellung, die sie anwenden mußte, um deine Persönlichkeit vor der Hand in Sicherheit zu stellen, denn Heinz drohte mit deinem Tode, wenn sie nicht auf der Stelle ihr Jawort geben würde, die Seinige zu werden. Ihr guter Schutzgeist mußte ihr eingegeben haben, auf kurze Zeit die Heuchlerin zu spielen und den Unmenschen mit einer nie sich erfüllenden Hoffnung hinzuhalten.«

Aber Gravenecker wurde es schwer: »Und nun, da sie kommen wird, soll ihr Vater auch heucheln, auch die Hoffnung dieser Bestie nähren helfen?«

»Um das bitte ich dich auf Knieen,« flehte Siegfried, »Waltraud vereinigt ihre Tränen mit meiner Bitte. Es kostet ja nur eine kurze Verstellung und ein wenig Mäßigung deines gerechten Eifers, um dich, deine Waltraud und uns alle zu retten.«

»Nun, so stärke mich Gott und seine Heiligen, diese Überwindung zu vollbringen. Es ist zwar das erste Mal, daß ich Heuchelei in meinen Blick lege und Betrug in meine Miene. Es ist die stärkste Probe väterlicher Liebe.«

»Ich höre jemanden kommen. Man weiß hier natürlich nicht, daß ich dir so nahe angehöre und es muß auch sorgfältig verschwiegen bleiben. Ich muß meine Tränen zurückhalten, um nicht entdeckt zu werden. Vater, erinnere dich also an dein Versprechen!«

Mit diesen Worten entfernte er sich.

8.

einz ließ den alten Gravenecker in seinen Ketten nach Waltrauds Zimmer führen, nachdem er eingesehen hatte, daß weder freundliches Zureden noch Drohungen bei ihr etwas fruchteten, da sie bei den Grundsätzen der jungfräulichen Sittsamkeit verharrte. Der alte Gravenecker, nunmehr eingeweiht in Siegfrieds Pläne, stellte sich, als wollte er dem Mädchen zureden, dem tapfersten der Ritter ihre Liebe nicht zu verweigern und unter dieser Bedingung ließ Heinz ihn mit dem Versprechen in seinen Kerker zurückkehren, er solle den nächsten Tag seiner Ketten entledigt bei seiner Tochter zubringen dürfen. Über dem war es Nacht geworden.

Siegfried und der alte, durch vielfache Kränkungen des Ritters von Stein schwer verletzte Stanzer, hatten indessen auf der Burg einen großen Anhang Gleichgesinnter gefunden, die Heinz selbst durch sein leidenschaftliches, rücksichtsloses Benehmen gegen seine treuesten Diener, gegen sich aufgebracht hatte und dadurch der Verschwörung tüchtig in die Hände gearbeitet.

Der Plan war reif geworden und sollte noch in dieser Nacht seine blutigen Früchte tragen. Heinz von Stein war plötzlich ungeduldig geworden und wurde dadurch anderer Sinnesart und in der Meinung, Gewalt könne ihn jetzt eher bei Waltraud zu Ziele führen. So kürzte er dem alten Gravenecker die Lebensfrist kurzerhand und befahl, daß dieser in derselben Stunde noch gemordet werden solle.

Die Kriegsleute der bayerischen und Salzburger Fürsten, welche das Werk der Rache an dem gefürchteten Raubritter vollziehen sollten,

rückten, von Nacht und Nebel beschirmt, vor dessen Felsenburg. Das Schwingen einer Fackel vor dem Walle der Feste war das verabredete Zeichen, welches Siegfried ihnen geben sollte. Dieser, Neidhart, Kunz und der alte Stanzer waren in dem äußeren Burghofe verstreut.

Siegfried führte Feuerzeug nebst Fackel bei sich, Stanzer hatte sich die Schlüssel zum Fallgitter und Zugbrücke zu verschaffen gewußt, um sie, wie er dem Ritter Heinz sagte, zu versperren. So warteten sie nun, bis das Licht in des Ritters Kämmerlein erlöschen würde und ihnen das Zeichen gebe, daß sich der gefürchtete Kämpfer zur Ruhe begeben habe.

Während sie nun darauf lauerten, wurde Waltrauds Vater von zwei Knechten herausgeführt, um auf Heinzens zuletzt gegebenen Blutbefehl über die äußerste Burgwarte hinabgestürzt zu werden, auf daß er auf dem spitzigen Felsen, auf welchem tief unten die Burgwarte erbaut war, gänzlich zerschmettert, elendiglich unter den größten Schmerzen umkommen mußte.

Neidhart machte den Siegfried auf die Knechte aufmerksam, die einen Menschen in Banden zur Richtstätte zu führen schienen.

»Einen Menschen zur Richtstätte,« entfuhr es dem Siegfried, »Gott, wenn das wahr ist.«

Da waren die Knechte auch schon heran.

»Wir bringen den alten Gefangenen, der heute einen unserer Mitknechte niedergeworfen und getötet hat, an die Richtstätte. Heinz hat uns befohlen, ihm den Garaus zu machen. Habt ihr nicht Lust, diesem Schauspiele beizuwohnen?« meinte einer der Knechte.

Der Gravenecker bat die Knechte, seiner Tochter ein letztes Lebewohl auszurichten und wollte dann tapfer sterben.

Da stürzten Kunz und Neidhart hervor, durchbohrten die beiden Henkerskonechte, welche den Greis zum Tode führen wollten. Siegfried sprang auf den Wall und gab mit der sogleich entzündeten Fackel das verabredete Zeichen.

Unterdessen zog Stanzer das Fallgitter auf, ließ die Zugbrücke hinunter und alle Verschworenen steckten nun die bereitgehaltenen Reiherbüsche auf ihre Pickelhauben, als verabredetes Zeichen für die herzoglich bayerischen und salzburgischen Krieger, welche nun haufenweise hereinstürmten.

Bei dem nun entstehenden Lärm stürzten die übrigen Knechte des Heinz, meist unbewaffnet, in größter Verwirrung aus ihren Kammern und es erhob sich das wilde Geschrei: »Auf, zu den Waffen, Feinde sind in der Burg!« Währenddessen sich nun ein Kampf auf Leben und Tod entspann, saß Waltraud im Kerker, ohne das Geschehnis zu ahnen und betete zu Gott. In ihrem Gewande steckte ein Dolch, den ihr scheidender Vater ihr unbemerkt in die Hände gespielt hatte.

»Er kommt nicht,« sprach sie, »mein Siegfried kommt nicht und sie werden ihn ermordet haben wie meinen guten alten Vater. Für wen soll ich dieses verhaßte Leben noch fristen, seit mein Herz durch diese bittere Trennung zerrissen ist. Wo ist Siegfried hingeraten, daß er mir nicht helfen kann?«

Und sie dankte in Gedanken dem Vater, daß er ihr den Dolch in die Hände gedrückt hatte. Mit Heldenmut würde sie den kalten, spitzen Stahl in ihre liebende Brust versenken, um ihren freien Geist, der nur Siegfried liebte, aus der Hülle zu entfesseln, die ein Ungeheuer mit seinem Geifer besudeln wollte. Da vernahm sie Lärm.

»Das ist das Gepolter von einem, der hastig heraneilt!« sprach sie zu sich, »Siegfried müßte eine Rotte bei sich haben, wenn er zur Rettung käme! Sollte das Heinz - gerechter Himmel, welch plötzliche Angst, Heinz, der Mörder des Vaters...!«

In diesem Augenblick stürzte Heinz im Nachtkleide zur Kerkertüre herein. Ihn sehen und sich mit dem Dolche die keusche Brust durchbohren, war das Werk eines Augenblicks.

»Wahnsinniges Mädchen, was tust du?« schrie Heinz, »sieh, ich bin hier, dich zu retten. Feinde sind durch schändlichen Verrat in meine Burg eingedrungen, ich komme, dich durch einen geheimen Gang in Sicherheit zu bringen. Waltraud, Waltraud!«

Diese entgegnete mit schwacher Stimme: »Du hast mich zu dieser Tat gezwungen, laß mich nun in Frieden sterben, du Greuel der Menschen! Ich werde eingehen zur ewigen Freude, wohin du nie kommen wirst, zu meinem teuren Vater und heißgeliebten Siegfried!«

Da erblickte Heinz den Dolch in ihrem Busen stecken, den er sogleich herauszog und nun entströmte der Todeswunde des Lebens warmer Strom und mit ihm verhauchte der letzte Seufzer des gequälten Mädchens.

»Sie stirbt!« brüllte Heinz aus Schmerz und Wut. »Welcher Satan gab ihr den Dolch und machte mich zum Mörder dieses geliebten Mädchens?«

9.

m selben Augenblick wurde die Tür gewaltsam geöffnet und herein stürzte Siegfried mit gezücktem Dolche, den Dolch in der
Hand Heinzens sehend, auf dem Boden den blutigen Leichnam
seiner geliebten Waltraud, vergaß er alles um sich her, vergaß
auch den Schwur, welchen der alte Stanzer vor einer Stunde ihm
abgenommen hatte: Heinz ja auf jeden Fall zu schonen.

»Fahre zur Hölle, Mörder dieses Engels!« Mit diesem Ruf stürzte
er sich auf Heinz und durchbohrte ihn.

»Recht so! Gut getroffen!« stöhnte Heinz. Dies waren die letzten Worte
des wilden Ritters Heinz von Stein.

Siegfried stieß aber in wildem Zorn mit den Füßen nach dem verhaßten
Leichnam: »O, daß es nur einen Tod gibt, diese Teure zu rächen, ver-
ruchter, elender Bösewicht!«

Bei dieser gräßlichen Szene trat Stanzer ein, um Siegfried die Nachricht
zu bringen, daß die Burg nun vollends in ihren Händen und sämtliche
Knechte Heinzens gefangen seien.

»Was hast du getan?« rief er entsetzt bei dem Anblick aus,« du hast
deinen Vater getötet, Siegfried! Vernimm denn das Geheimnis, welches
ich dir unmöglich vorher mitteilen konnte, denn ich würde dir dadurch
dein ganzes Lebensglück vernichtet haben. Nicht umsonst nahm ich dir
den Schwur ab, Heinzens Leben auf jeden Fall zu schonen und wäre dies
geschehen, so hätte ich ihm dein Schicksal erzählt und dich ihm als seinen
Sohn geschildert, daß er eine Freude an dir hätte haben müssen und vielleicht noch anderen Sinnes geworden wäre! Doch das Schicksal und deine

rasche Hand, die unbewußt das väterliche Blut vergoß, haben diesen Plan vereitelt. Deine Mutter - die alte Eva - die du bei der Waltraud sahst, wird die Stunde deiner Geburt, wird sich selbst verfluchen, daß sie sich von Heinz betören ließ.«

»Weh mir, halt ein und nimm dein Wort zurück,« stammelte ungläubig Siegfried,« du mußt dich täuschen!«

»Wolle Gott, es wäre so! Aber sieh, diese alten Arme trugen dich vor vielen Jahren hin zu dem biederen Gravenecker und meine Sinne sind noch frisch und gut.«

»Er mein Vater! Und der ermordete meine Waltraud! Einen Mörder zum Vater und eine Buhlerin zur Mutter! O Gott, warum ließest du mich diesen schrecklichen Tag erleben, warum mußte mein Ohr diese grauenhafte Kunde vernehmen, und warum mußte ich den töten, der mir das Leben gab?« Siegfried verzweifelte.

»Oh, hätte ich doch niemals des Lebens größte Lust in Waltrauds keuscher Liebe empfunden, dann würde ich jetzt nicht den größten Seelenschmerz zu ertragen haben, der mir nun das Innere zerreißt!

Nein, solchen Schmerz ertrage ich nicht!

Meine Waltraud, von meinem Vater ermordet!

Ich, der Mörder meines Vaters, dessen Dasein ich mein Leben lang verfluchen müßte! Oh Waltraud! Ich folge dir!«

Mit diesen Worten stieß sich Siegfried, vom Schmerz übermannt, in wilder Verzweiflung denselben Dolch ins Herz, der noch gerötet mit seines Vaters Blut, sich jetzt mit dem Blute des Sohnes färbte. Stanzer schrie entsetzt auf, das führte eine Truppe Kriegsleute herein, an deren Spitze der alte Gravenecker.

»Wo ist sie?« fragte er, »wo ist meine Tochter?« Der Szenerie im Fackelscheine ansichtig, faßte ihn das Grauen:

»Tot, tot, meine Tochter, meine gute Waltraud! Und auch er, mein Siegfried! Barmherziger Himmel! Daß ich solches mit meinen alten Augen noch erblicken mußte! Meine geliebten Kinder sind tot!«

»Tröstet euch mit dem Gedanken«, sagte Stanzer, »daß Eure Kinder nun für immer vereinigt sind und Eurer segnend gedenken werden.«

Doch der Gravenecker vermochte sich nicht zu beruhigen, nur eines war ihm Trost, daß der Siegfried im Kampf um die Waltraud gefallen wäre.

»Dem ist nicht so«, warf Stanzer ein und erzählte dem Alten den Hergang des schrecklichen Geschehens, und daß auch er nicht verhindern konnte, daß Siegfried den Dolch in das Herz seines Vaters gestoßen.

»Heinz sein Vater? Dieser Unhold Vater eines solch edlen Jünglings?« Dann sank der Gravenecker in großem innerem Schmerz zusammen, seine Kräfte verließen ihn.

Stanzer hieß einige Knechte, den Gravenecker wegzubringen, die Leichen Siegfrieds und Waltrauds auf einer Bahre hinauszutragen, denn es sei nicht gut, daß sich schuldloses Blut mit dem schuldigen vermische. Man vollbrachte diesen Befehl und alle entfernten sich tieferschüttert von der blutigen Stätte.

ie gefangenen Knechte des Heinz wurden sämtlich hingerichtet, nur diejenigen, die sich an der Verschwörung beteiligt hatten, wurden begnadigt und traten in die Dienste der Fürsten von Bayern oder Salzburg.

Stanzer zog zu dem alten Gravenecker auf den Meierhof, wo die Gräber des unglücklichen Paares nicht weit waren.

Auch ließ sich manchmal die alte Eva an den Gräbern sehen und betete dort reumütig für ihren Sohn.

Es dauerte nicht lange, so wurde der alte Gravenecker zu seinen Kindern eingescharrt und wenige Jahre nachher begrub man auch den alten Stanzer.

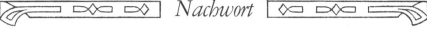

Nachwort

Man stelle sich das churfürstliche Theater zu München vor, anno 1781, vor mehr als 200 Jahren. Das Bühnenbild: Eine Felsenburg mit dunklen Fensterlöchern, dahinter die Kammern der geraubten Mädchen. Im Vordergrund links ein Burgtor mit Fallgitter und Zugbrücke, wohinein die Schauspieler ritten, Rossegewieher, Hufegetrampel. Kein elektrisches Licht, vielmehr arbeitete man damals noch mit verspiegelten Lampen als Bühnenbeleuchtung. Aus der Notwendigkeit der Bühnenkonzeption heraus entstand das Theaterstück des weiland Hübner. Dabei konnte die Dreigliedrigkeit der Burganlage, untere Burg, Felsenschloß und Hochschloß nicht berücksichtigt werden. So sind in Hübners Theaterstück die Bezeichnungen der Burgteile nicht exakt wiedergegeben.

Im vorigen Jahrhundert wurde nun das Theaterstück wiederum bearbeitet, es wurde eine Erzählung daraus. Und in dieser wiederum kennt sich der Leser bald nicht mehr aus, denn da ist einmal von den hohen Burgmauern die Rede, bald von dem Tor mit Fallgitter und Zugbrücke. Es gibt keinerlei Hinweis darauf, daß am Hochschloß jemals Zugbrücke und Fallgitter vorhanden gewesen wären. Bestenfalls die untere Burg konnte so ausgestattet gewesen sein.

Kuriosität: Hübner bringt 1781 ein Stück auf die Bühne, nach alten Volkssagen, inhaltlich nicht genau den Örtlichkeiten der Burg entsprechend. Jahre später verfaßt ein Unbekannter danach eine Erzählung, übernimmt die Ungenauigkeiten und daraus wiederum entsteht der Erzählkern einer Volkssage, wie sie zu Beginn unseres Jahrhunderts in aller Munde war. Begreiflich, daß es da die Herren Historiker schwer haben, der Wahrheit auf die Spur zu kommen.

Juni 1987
Franz Xaver Forstey